DE L'EXTRADITION

PROJET ET NOTES

PRÉSENTÉS

A LA COMMISSION DU COMITÉ DU CONTENTIEUX

DU MINISTÈRE DES AFFAIRES ÉTRANGÈRES

PAR

L.-J.-D. FERAUD - GIRAUD

Membre de la Commission

PARIS

—

1890

DE L'EXTRADITION

Aix. A. MAKAIRE, Imprimeur, rue Thiers, 2. — 1890.

DE L'EXTRADITION

PROJET ET NOTES

PRÉSENTÉS

A LA COMMISSION DU COMITÉ DU CONTENTIEUX

DU MINISTÈRE DES AFFAIRES ÉTRANGÈRES

PAR

L.-J.-D. FERAUD - GIRAUD

Membre de la Commission

PARIS

—

1890

PROJET

—

LOI SUR L'EXTRADITION

TITRE 1er

Des conditions et des effets de l'extradition

ARTICLE Ier. — Le Gouvernement peut, en se conformant aux dispositions de la présente loi,

1° Demander aux Gouvernements étrangers de lui livrer tout individu compétemment poursuivi, mis en prévention ou en accusation, ou condamné par l'autorité judiciaire française, qui se trouvera sur le territoire de l'un de ces Gouvernements, ses colonies, dépendances et pays relevant, quant à ce de son autorité.

2° Livrer à un Gouvernement étranger, sur la demande de celui-ci, tout individu qui, se trouvant sur le territoire français, ses colonies, dépendances ou pays relevant quant à ce, de l'autorité de la France, sera régulièrement poursuivi, mis en prévention ou en accusation, ou condamné en conformité des lois sur l'organisation judiciaire de l'Etat.

ART. 2. — Toute demande d'extradition doit être formée et répondue exclusivement par la voie diplomatique,

Sans préjudice toutefois de l'action directe, qui peut être attribuée exceptionnellement, par la présente loi ou en vertu des traités, soit en cas d'exécution de mesures urgentes et provisoires, soit sur certaines parties des territoires formant une dépendance des Etats, à des fonctionnaires ou agents.

ART. 3. — Plusieurs personnes pourront être comprises dans une même demande, à condition que chacune d'elle soit individuellement désignée, et que les pièces justifiant son extradition soient jointes : il ne sera pas donné suite aux demandes par catégories ou collectivité, se rapportant à un fait qui serait seul désigné et spécifié.

SECTION Iʳ

Extraditions demandées par la France

Art. 4. — Le Gouvernement ne pourra demander à un Gouvernement étranger de lui livrer un individu se trouvant sur le territoire de l'Etat requis ou ses dépendances, que s'il est poursuivi ou mis en prévention ou en accusation, ou condamné, par application de nos lois, par les autorités ou tribunaux compétents; pour avoir commis, sur le territoire de la République ou ses dépendances, l'une des infractions pénales indiquées et déterminées en l'article 6. Néanmoins la demande pourra être également formée, lorsqu'il s'agira d'infractions commises sur le territoire d'une puissance tierce, mais seulement quand la poursuite sera dirigée et suivie en France, dans un cas où la législation française autorise la répression de ces infractions.

Art. 5. — La demande ne pourra être formée contre un national du pays requis, à moins que les lois de ce pays et les traités ne s'y opposant pas, le Gouvernement requis ne soit dans l'usage d'accueillir les demandes de cette nature sans condition de réciprocité.

La circonstance que l'individu dont l'extradition est demandée n'appartient pas par sa nationalité ni à l'Etat requérant ni à l'Etat requis, ne fait pas obstacle à ce que la demande soit présentée; sans qu'il soit nécessaire d'en donner avis à la puissance tierce à laquelle il appartient, à moins de stipulation contraire, qui se trouverait insérée dans les traités entre la France et cette puissance.

ART. 6. — Les faits à raison desquels l'extradition pourra être demandée sont :

1° Tous ceux que la loi française punit de peines criminelles ;

2° Ceux qui sont punis de peines correctionnelles par la même loi, lorsque le maximum de la peine encourue par les prévenus, soit à raison de la qualification du fait, soit à raison de la situation légale où ils se trouvent d'après leur âge, leurs antecédents judiciaires, ou toutes autres causes, est de deux ans d'emprisonnement et au-dessus ; et lorsque la peine prononcée sera au moins de trois mois d'emprisonnement pour les condamnés contradictoirement ou par défaut.

Il n'y a aucune distinction à faire entre les infractions commises et les tentatives, ni entre les auteurs et les complices, toutes les fois que la tentative et la complicité sont punies par la loi française.

Ces dispositions sont applicables aux militaires, marins ou assimilés, poursuivis ou condamnés pour infractions de droit commun, quelles que soient les lois qui les ont prévues et punies, ou pour faits punissables d'après ce droit, en dehors des aggravations de peines résultant, d'après les lois spéciales, de la qualité de ces personnes.

La remise des marins déserteurs reste soumise à la réglementation spéciale qui les concerne.

ART. 7. — L'extradition ne sera jamais demandée :

Pour des faits non prévus par l'article 6 de la présente loi,

Ou qui, bien que prévus par la loi, ne pourraient pas être déférés aux tribunaux français, à raison de la fiction d'exterritorialité qui protègerait leurs auteurs,

Pour crimes ou délits ayant un caractère politique ou purement religieux,

Lorsque les faits à raison desquels une personne serait réclamée, ont donné lieu à l'étranger à un jugement qui, statuant au fond, a prononcé sa condamnation, son absolution ou son acquittement.

Lorsque, aux termes des lois françaises, et en l'état de la procédure, la prescription de l'action en cas de poursuite, ou de la peine en cas de condamnation, sera acquise antérieurement à la demande d'extradition.

ART. 8. — La demande d'extradition devra préciser exactement le fait qui la motive, indiquer sa qualification et le texte de la loi faançaise qui l'a prévu et puni : l'extradé ne pourra être poursuivi et jugé en France pour une infraction autre que celle qui aura été précisée dans cette demande, sans que le Gouvernement requis, à la suite d'une nouvelle communication spéciale, n'y ait donné son consentement.

Art. 9. — Lorsque des conditions particulières sont insérées par la puissance requise à l'autorisation d'extrader, le Gouvernement Français sera tenu de s'y conformer, si, donnant suite à sa demande, il se fait livrer l'extradé en vertu de cette autorisation.

Art. 10. — L'extradition obtenue par le Gouvernement français est nulle, si elle est intervenue contrairement aux dispositions de la présente loi.

Dans ce cas, le prévenu ou l'accusé, s'il n'est pas réclamé par le Gouvernement requis, est mis en liberté, et ne peut être repris que si dans les trente jours qui suivent sa mise en liberté il est arrêté sur le territoire français.

Art. 11. — L'individu livré à la France et qui mis en liberté aura eu pendant trente jours depuis son élargissement la faculté de quitter le territoire français, et y sera demeuré volontairement, sera traité comme tout autre résident étranger se trouvant sur le territoire, sans prendre en considération l'extradition dont il a été l'objet, à raison de tous faits qui pourraient lui être reprochés, autres que ceux qui auraient été l'objet d'une décision de justice.

SECTION 2.

Extraditions demandées à la France

Art. 12. — La demande d'extradition adressée à la France devra nettement préciser le fait qui y donne lieu, sa qualification légale ; elle devra contenir la copie textuelle de la loi de répression qui lui est applicable dans le pays du requérant.

Art. 13. — Le Gouvernement français ne pourra livrer aux gouvernements des pays étrangers, que sur leur demande et à charge de se conformer aux dispositions de la présente loi, des étrangers qui se trouvant sur le territoire de la République et ses dépendances, seraient poursuivis ou mis en prévention ou en accusation par une autorité compétente, ou auraient été condamnés par les tribunaux des puissances requérantes, pour des faits qui auraient été commis sur leurs territoires et dépendances.

Art. 14. — Il pourra néanmoins être donné suite aux demandes d'extradition, lorsque le crime ou le délit donnant lieu à ces demandes aura été commis sur le territoire d'une puissance tierce, mais dans le cas seulement où la loi du requérant ainsi que la loi française autorisent la poursuite des infractions commises dans ces conditions.

ART. 15. — L'extradition ne pourra être consentie par la France qu'à raison des catégories de faits déterminés par l'article 6.

Toutefois l'Etat requérant devra justifier en outre que, d'après sa législation pénale, le fait est prévu et de plus qu'il est puni de peines dont le maximum n'est pas inférieur à celui qui est nécessaire pour que le Gouvernement français soit autorisé à requérir une extradition.

Lorsque la durée de l'emprisonnement prononcé en France est pris en considération pour autoriser l'extradition, le même effet sera attribué aux peines équivalentes, applicables en conformité des législations étrangères.

ART. 16. — La France ne livre pas ses nationaux.

Cette disposition n'est pas applicable aux agglomérations d'individus se trouvant sur des dépendances ou extensions du territoire français ou pays de protectorat, qui bien que sous la domination et la protection de la France, ne pourraient pas se prévaloir régulièrement de la qualité de français.

Les français, par suite de naturalisation pourront être livrés à raison de faits antérieurs, à moins qu'au moment où la demande est formée il se soit écoulé cinq ans depuis l'époque de cette naturalisation.

Lorsque la demande sera dirigée contre une personne appartenant par sa nationalité à une puissance tierce, le gouvernement français ne sera tenu avant d'y donner suite de lui en donner avis, que si cette obligation résulte des traités , et dans tous les cas, il ne sera lié ni par l'opposition ni par l'adhésion que cette communication pourrait provoquer.

Si la puissance tierce réclamait elle-même l'extradition de cette personne pour la soumettre à un jugement, à raison de ce même fait, il appartiendrait toujours au gouvernement français d'apprécier quelle est celle des deux demandes qui doit être préférée, et même, le cas échéant, si elles ne devraient pas être repoussées l'une et l'autre.

ART. 17. — L'extradition ne sera pas accordée :

1° Lorsque les crimes ou délits à raison desquels elle est réclamée auront été commis en France ou sur des dépendances du territoire français où notre droit de juridiction s'exerce, sur la personne dont l'extradition est réclamée. Si le fait quoique perpétré hors du territoire français, se trouvait soumis à la fois à la justice française et à la justice territoriale, le gouvernement français, à défaut de poursuites en France, pourrait accorder l'extradition qui serait sollicitée par l'autorité territoriale.

2° Lorsque les crimes ou délits, quoique commis hors de France, auront été poursuivis et jugés définitivement par une juridiction française.

3° Lorsque la prescription de l'action ou de la condamnation sera acquise antérieurement à la demande d'extradition, d'après la loi territoriale du requérant, sous l'empire de laquelle l'infraction a eu lieu.

4° Pour crimes ou délits ayant un caractère politique ou purement religieux.

5° Lorsque la demande formée par un Etat esclavagiste

sera dirigée contre un esclave en fuite, fut-elle fondée sur un délit de droit commun.

ART. 18. — Les demandes formées par un Gouvernement chez lequel les modes d'instruction ou les pénalités comportent des procédés contraires à la dignité humaine et aux pratiques des peuples civilisés, ne seront répondues que dans le cas où ce Gouvernement aura d'abord renoncé à l'emploi de ces moyens barbares à l'encontre de l'extradé, et où le Gouvernement français pourra compter sur l'efficacité de cette renonciation.

ART. 19. — En cas de pluralités de demandes, le Gouvernement appréciera quelle est celle à laquelle il doit donner la préférence, en prenant en considération ; s'il s'agit du même fait, l'intérêt qu'il y a à ce que l'instruction et le jugement aient lieu là où a été commise l'infraction, et si ces demandes sont fondées sur divers faits, leur gravité respective, et au besoin la date de ces demandes.

ART. 20. — Dans le cas où l'extradition d'un étranger ayant été obtenue par le Gouvernement français, le Gouvernement d'un pays tiers solliciterait à son tour du Gouvernement français l'extradition du même individu, à raison d'un fait autre que celui jugé en France, ou non connexe à ce fait, le Gouvernement ne déférera, s'il y a lieu, à cette requête, qu'après s'être assuré du consentement de l'Etat qui aura primitivement accordé l'extradition.

Toutefois cette réserve n'aura pas lieu d'être appliquée,

lorsque l'individu extradé aura eu pendant le délai fixé par l'art. 11 la faculté de quitter le territoire de la République.

ART. 21. — L'extradé ne pourra être jugé et puni qu'à raison du fait pour lequel son extradition a été accordée ; mais il ne sera pas tenu compte des changements de qualification que l'instruction peut motiver ; à moins que le fait ne change complètement de nature, et surtout qu'il ne constitue plus qu'une infraction ne pouvant légitimer une extradition.

Des poursuites nouvelles pour des faits antérieurs à l'extradition et non signalés alors, ne pourront être intentées et suivies, alors même que l'extradé y donnerait son consentement, qu'après en avoir référé au Gouvernement français et à la suite de son consentement spécial.

ART. 22. — Le Gouvernement français, soit d'office, soit sur la demande de l'extradé, pourra intervenir, s'il y a lieu, par la voie diplomatique auprès du Gouvernement étranger, pour assurer l'exécution des conditions auxquelles l'extradition a été accordée. Sans préjudice des recours ouverts directement à l'extradé devant les autorités et tribunaux du pays, d'après les lois territoriales, pour garantir cette loyale exécution.

TITRE II.

De la procédure d'Extradition

SECTION Iʳ

Extraditions demandées par la France

ART. 23. — Lorsqu'il y a lieu de provoquer une extradition, la demande est adressée par l'autorité judiciaire
au Ministre de la justice, qui la transmet, s'il y a lieu, au
Ministre des affaires étrangères pour y donner telle suite
que de droit.

Sans préjudice du droit pour le Ministre des affaires
étrangères, après en avoir conféré avec le Ministre de la
justice, ou à la demande de ce dernier, de provoquer cette
mesure.

ART. 24. — Cette demande doit être accompagnée de
tous les documents et renseignements nécessaires pour justifier l'extradition, constater l'identité de celui qui doit en
être l'objet, sa nationalité, faciliter sa découverte et son
arrestation.

Si la personne extradée est seulement inculpée ou pré-
venue, ou accusée, le fait qui lui est reproché devra être
nettement précisé et spécifié, avec les éléments nécessaires

pour sa qualification ; l'article de la loi pénale applicable sera intégralement rapporté ; les principales charges relevées seront signalées, ainsi que les pièces d'où elles résultent, suivant le degré d'avancement de la procédure. Il sera joint une copie certifiée et authentique du mandat d'arrêt, ou de l'ordonnance de renvoi, ou de l'arrêt de la chambre des mises en accusation.

S'il est intervenu un jugement ou un arrêt de condamnation, la copie authentique de cette décision devra se trouver au dossier, ainsi que l'acte de notification qui en aura été faite.

Lorsque de plus amples justifications sont exigées, d'après les traités ou les lois antérieures, par les pays requis, elles devront être jointes au dossier en la forme où elles sont exigées.

ART. 25. — S'il y a lieu de donner suite à la demande, elle est communiquée par la voie diplomatique au Gouvernement étranger.

ART. 26. — En cas d'urgence, les procureurs de la République pourront, par un simple avis transmis soit par la poste, soit par le télégraphe, en signalant l'existence de l'une des pièces indiquées en l'article 24, demander au Ministre de provoquer l'arrestation provisoire de l'individu à extrader ; et même, lorsque les rapports internationaux le permettent, s'adresser directement à l'autorité étrangère compétente pour faire procéder à cette arrestation.

Avis de cette demande, dans ce cas, devra être immédiatement donné au Ministre de la justice, et les pièces à l'appui devront lui être envoyées sans retard, pour être transmises par la voie normale au Gouvernement requis.

ART. 27. — Le Ministre des affaires étrangères, avisé qu'une extradition a été accordée, et des conditions auxquelles elle peut être soumise, s'assurera si les mesures nécessaires pour le transfert de l'extradé ont été prises, et il les provoquera au besoin par une entente avec le Gouvernement requis ; il communiquera en même temps au Ministre de la justice l'avis qu'il a reçu pour que celui-ci le transmette à l'autorité compétente, en la chargeant d'en assurer l'exécution lorsque l'extradé arrivera sur le territoire français et y sera livré avec les pièces concernant son arrestation, ainsi que les papiers et objets divers qui auront été saisis en sa possession, pour faciliter l'instruction de la poursuite dirigée contre lui.

ART. 28. — Lorsque le territoire du Gouvernement requis n'étant pas limitrophe du territoire de la République française, il sera nécessaire de faire passer l'extradé sur le territoire d'une puissance tierce pour assurer son transfert, le Gouvernement français devra provoquer le consentement préalable de cette puissance, en lui fournissant les justifications voulues par les traités et à défaut par les usages.

La voie la plus courte devra être suivie de préférence ; mais, suivant les circonstances, il appartient au Ministre des affaires étrangères d'apprécier s'il n'est pas convenable d'en choisir un autre.

ART. 29. — Si le transfert par mer était adopté, l'extradé sera embarqué ainsi que les pièces de procédure et de conviction sur le premier navire français en partance ; à cet effet, les capitaines seront tenus d'obtempérer aux réquisitions des consuls ou agents français sur les lieux, sous peine d'une amende de 500 à 1000 fr., qui, sur l'envoi du procès-verbal constatant l'infraction, sera prononcée par le tribunal du lieu d'armement. Ils pourront être en outre interdits du commandement par le Ministre de la marine pour une durée qui n'excédera pas un an.

Les capitaines ne seront pas tenus d'embarquer des extradés au-delà du cinquième de l'équipage de leurs navires.

ART. 30. — L'extradé mis à la disposition de la justice sur le territoire français, il sera procédé à son égard, à raison du fait qui a motivé son extradition, comme s'il avait été arrêté sur ce territoire : l'extradition ne pouvant lui conférer de plus amples droits, ni le priver de ceux qu'il avait auparavant.

ART. 31. — Néanmoins, la nullité de l'extradition obtenue par le Gouvernement français contrairement aux dispositions de la présente loi, pourra toujours être proposée par l'extradé devant les tribunaux français saisis de la prévention ou de l'accusation.

Les mêmes tribunaux sont juges de la qualification donnée aux faits motivant la demande d'extradition.

L'extradé pourra également obtenir de la justice française d'assurer le respect des conditions mises à l'autorisation de l'extrader, d'après la notification faite au gouvernement français. Sans que la régularité de l'acte d'extradition lui-même, émanant du Gouvernement étranger, ni les irrégularités prétendues à l'occasion de l'arrestation et des opérations faites à l'étranger puissent être soumises à une juridiction française.

ART. 52. — Dans tous les cas où cela est autorisé par les conventions ou les usages, et à titre de réciprocité, les magistrats français, à l'occasion des instruction criminelles poursuivies par leurs soins, pourront adresser des commissions rogatoires, et même des citations à comparaître devant eux pour des témoins résidant à l'étranger ; solliciter des envois, soit de prévenus pour des confrontations, soit de pièces de conviction ou documents judiciaires.

Ces demandes devront toujours être transmises par la voie diplomatique.

Toutefois, en cas d'urgence, elles pourront être transmises directement aux autorités dont le concours est réclamé. Mais, dans ce cas, avis de cet envoi devra être donné en même temps au Ministre de la justice.

ART. 33. — Les témoins cités à l'étranger qui ne comparaîtront devant les juges ou tribunaux français, n'encourront à raison de ce aucune condamnation.

S'ils comparaissent, ils ne pourront être recherchés ni détenus pour aucun délit antérieur à l'acte poursuivi, ni même pour leur coopération à cet acte.

Les frais de voyage et de séjour leur seront alloués d'après les tarifs en vigueur en France, ou d'après les conventions qui les auraient réglés.

Art. 34. — Les notifications destinées à l'étranger pourront être transmises par la voie diplomatique ou faites en la forme voulue par les lois françaises ; elles pourront être adressées aussi aux magistrats étrangers pour en requérir l'exécution, et même être transmises directement aux officiers ministériels, ou autres agents chargés de cette exécution.

Art. 35. — Lorsque la France réclame une extradition, les frais faits par le Gouvernement requis sur son territoire, ne pourront être supportés par le Gouvernement français que s'il n'en est pas déchargé par les stipulations des traités ou un usage réciproquement admis, laissant les frais de l'extradition à la charge de chaque Gouvernement dans les limites de leurs territoires respectifs.

Les frais de transit seront à sa charge, à moins de stipulations contraires dans les traités.

L'Etat ne pourra pas répéter de la partie civile jointe à la poursuite les frais de l'extradition, à moins que l'extradition n'ait été sollicitée par elle ; l'autorité judiciaire devra dans ce cas exiger de sa part une déclaration écrite le constatant.

SECTION II.

Extraditions demandées à la France

ART. 36. — Les demandes d'extradition adressées à la France par des gouvernements étrangers doivent parvenir, par l'intermédiaire de leurs agents accrédités, au Ministre des affaires étrangères, qui provoquera, s'il y a lieu, une instruction.

Elles devront être accompagnées des pièces et justifications que doit fournir, d'après l'article 24, le Gouvernement français à l'appui des demandes qu'il est autorisé à former lui-même, ou d'actes équivalents émanés de la juridiction compétente, déclarant formellement ou opérant de plein droit le renvoi de l'inculpé ou de l'accusé devant la juridiction répressive ; ou, à défaut d'un mandat d'arrêt, de tout acte ayant la même force d'après la législation du requérant, pourvu que ces actes renferment l'indication précise du fait pour lequel ils sont délivrés et de la personne qui en est l'objet.

Toutefois, à défaut de cette mention dans ces actes, il pourra y être suppléé par un procès-verbal dressé par le magistrat instructeur, d'après les pièces de la procédure portant ces indications et mentionnant les charges principales relevées contre la personne à extrader.

ART. 37.—Si la demande est formée dans les conditions

prévues par la présente loi, le Ministre des affaires étrangères la transmettra au Ministre de la justice pour qu'il soit procédé à son instruction.

Lorsque des pièces qui doivent y être jointes ne s'y trouvent pas toutes, ou sont irrégulières, le Gouvernement étranger sera invité à les compléter ou les régulariser, avant qu'il soit donné suite à la demande, et sans que cela puisse la faire immédiatement écarter.

Dans le cas où la demande ne paraît pas devoir être prise en considération, avis en sera donné au Gouvernement étranger, et dans le cas où celui-ci persisterait à la maintenir, le Ministre des affaires étrangères provoquera, par l'intermédiaire du Ministre de la justice, un décret de rejet.

Art. 38. — Si le Ministre de la justice est d'avis qu'il y a lieu de donner suite à la demande, ou en cas de dissentiment entre lui et le Ministre des affaires étrangères, si c'est l'avis du conseil des Ministres auquel il devra en être référé, il transmettra le dossier au procureur général dans le ressort duquel on suppose que pourra se trouver l'étranger, pour assurer son arrestation.

Art. 39. — A cet effet, les pièces seront transmises par le procureur général, avec ses instructions, au procureur de la République du lieu de la résidence de l'étranger, qui requerra immédiatement du juge d'instruction un visa

déclarant exécutoire la pièce transmise pour justifier l'arrestation ; elle sera alors effectuée suivant les règles observées pour l'exécution des mandats d'arrêt.

L'acte de l'autorité étrangère, revêtu de l'exécutoire du
magistrat français, en vertu duquel l'arrestation aura eu
lieu, sera notifié le plutôt possible à la personne arrêtée.
Celle-ci sera écrouée à la maison d'arrêt du chef-lieu d'arrondissement où siège le magistrat qui a rendu l'ordonnance
d'exequatur.

Art. 40. — Dans les vingt-quatre heures à dater du
moment où aura été dressé l'acte d'écrou, il sera procédé
par le procureur de la république à l'interrogatoire de
l'étranger arrêté.

Cet interrogatoire aura pour but principal de constater
l'identité de l'étranger, de lui faire connaître la situation
qui lui est faite par la demande adressée au Gouvernement,
de recevoir ses explications sur le fait qui lui est imputé,
de constater si sa volonté libre et certaine est de profiter
de la faculté qu'il a de renoncer à l'accomplissement des
formalités préalables à la décision sur l'extradition, de lui
indiquer que, à défaut, le tribunal sera appelé à donner
son avis sur cette demande, qu'il sera entendu et pourra se
faire assister d'un avocat ou avoué. Si le détenu, faute
d'avoir fait un choix, manifeste la volonté d'être assisté
d'un défenseur, le procureur de la République lui désignera
un avocat d'office.

Il sera dressé du tout procès-verbal.

ART. 41. — Cet interrogatoire, ainsi que le dossier de l'affaire et les renseignements qu'aurait pu se procurer le procureur de la république à l'occasion des dires de l'accusé recueillis dans l'interrogatoire, seront transmis au président du tribunal de première instance, qui convoquera le tribunal pour qu'il fasse connaître son avis sur la question de savoir si l'extradition doit être accordée ou si elle doit être refusée.

ART. 42. — Le tribunal, en chambre du conseil, et la première chambre s'il y en a plusieurs, à moins que le détenu ne réclame que l'instruction ait lieu en audience publique et que le tribunal estime qu'il y a lieu de faire droit à cette demande, après rapport du président ou du juge commis, procèdera à un nouvel interrogatoire du prévenu, le ministère public et l'étranger, assisté d'un avocat, s'il en a choisi ou fait désigner un, et lorsqu'il sera nécessaire d'un interprète, seront entendus, l'étranger ayant la parole le dernier. Il sera dressé du tout un procès-verbal, où l'interrogatoire sera sommairement reproduit.

ART. 43. — Si une question préjudicielle, telle qu'une question de nationalité ou autre de même nature est soulevée pendant l'instruction qui a lieu devant le tribunal, il pourrait, sans la préjuger, en provoquer la discussion et l'examen, de manière à pouvoir indiquer dans son avis la solution qu'elle lui paraîtrait comporter et l'influence qu'elle devrait avoir sur la solution de la demande d'extradition.

Art. 44. — Le tribunal donnera son avis motivé sur la demande d'extradition.

Cet avis sera joint au dossier, qui sera transmis par le procureur de la République, par l'intermédiaire du procureur général, au Ministre de la justice, avec les observations de ces magistrats.

Art. 45. — Le Ministre de la justice, après communication au Ministre des affaires étrangères, proposera, s'il y a lieu, à la signature du Président de la République, un décret autorisant l'extradition.

Cette autorisation sera dénoncée à l'Etat requérant.

Art. 46. — Si lors de l'interrogatoire auquel il est soumis conformément à l'article 40, l'étranger, interpellé à ce sujet, exprime formellement la volonté d'être livré sans autre retard, et déclare renoncer à la comparution devant le tribunal, le procureur de la République, après avoir clos l'interrogatoire, adressera le procès-verbal et les pièces au Ministre de la justice, par l'intermédiaire du procureur général.

Un décret autorisant l'extradition sera sur le champ proposé à la signature du Président de la République, pour les faits qui ont motivé la demande.

Art. 47. — En conséquence du décret accordant l'extradition, le Ministre de la justice donnera des ordres pour que l'individu extradé soit conduit jusqu'à la frontière pour être livré à la personne chargée de le recevoir de la part du Gouvernement étranger.

Les pièces constatant l'identité de l'individu et faisant connaître le tribunal saisi seront remises en même temps à cette personne.

ART. 48. — Le transit sur le territoire français d'un étranger extradé, sollicité par la voie diplomatique, pourra être autorisé par le Ministre de la justice, après s'être concerté avec le Ministre des affaires étrangères, sur la simple production par la voie diplomatique de l'un des actes mentionnés en l'article 36.

Cette autorisation ne saurait être donnée qu'aux puissances qui accorderaient sur leur territoire la même faculté au Gouvernement français.

Le transfert sur le territoire se fera sous la direction et la surveillance des fonctionnaires et agents français, et avec le concours de l'agent du gouvernement étranger ; mais dans le cas seulement où il aurait été agréé par l'autorité française,

ART. 49. Si le fugitif qui a été arrêté n'a pas été livré dans le mois de la dénonciation du décret d'extradition par la faute de l'Etat requérant, il sera mis en liberté, à moins qu'il ne soit détenu en France pour autre cause, et il ne pourra être extradé pour le même fait.

ART. 50, — En cas d'urgence et sur la demande directe des autorités judiciaires du pays requérant, les procureurs de la République pourront, sur un simple avis, transmis soit par la poste soit par le télégraphe, de l'existence de l'une des pièces indiquées par l'article 36, ordonner l'arrestation provisoire de l'étranger.

Les procureurs de la République devront donner avis de cette arrestation au procureur général et au Ministre de la justice, qui communiquera cet avis au Ministre de affaires étrangères.

Art. 51. — L'étranger arrêté provisoirement dans les conditions prévues par l'article qui précède, sera, à moins qu'il y ait lieu de lui faire application des articles 7, 8 et 9 de la loi du 3 décembre 1849, mis en liberté, si dans le délai de vingt jours à dater de son arrestation, lorsqu'elle aura été opérée à la demande du gouvernement d'un pays limitrophe, le Gouvernement français ne reçoit l'un des documents mentionnés en l'article 36.

Ce délai pourra être porté à un mois si le territoire du pays requérant est non limitrophe, et jusqu'à trois mois si ce territoire est hors d'Europe.

Sur requête adressée au tribunal de première instance dans l'arrondissement duquel il sera détenu, l'étranger pourra obtenir sa mise en liberté provisoire, dans les mêmes conditions que si la poursuite était exercée en France.

Art. 52. — Dans le cas où un étranger sera poursuivi ou aura été condamné en France, et où son extradition sera demandée au Gouvernement français à raison d'une infraction différente, la remise ne sera effectuée que lorsque la poursuite sera terminée, ou, en cas de condamnation, après que la peine aura été exécutée.

Toutefois cette disposition ne fera pas un obstacle absolu à ce que l'étranger puisse être renvoyé temporairement pour comparaître devant les tribunaux du pays requérant, sous la condition qu'il sera renvoyé dès que la justice étrangère aura statué.

Sera régi par les dispositions du présent article le cas où l'étranger est soumis à la contrainte par corps par application des lois du 25 juillet 1867 et du 19 décembre 1871.

Dans le cas où il serait poursuivi ou détenu en France à raison d'obligations par lui contractées envers des particuliers, son extradition aura lieu néanmoins, sauf à la partie lésée à poursuivre ses droits devant l'autorité compétente.

Art. 53. — Les papiers et autres objets saisis à l'occasion de la demande d'extradition, seront mis à la disposition de l'État requérant au moment où l'extradé sera livré.

Le procureur de la République du lieu où l'arrestation a été requise et le titre étranger motivant l'arrestation a été rendu exécutoire en France, en fera distraire préalablement ceux qui seront étrangers à la poursuite et sans intérêt pour le jugement de l'affaire, et en fera après la restitution à qui de droit.

Toutes oppositions et réclamations de l'extradé, de tiers-détenteurs ou autres ayants-droit, seront déférées au tribunal qui a été appelé à donner son avis sur l'extradition.

Art. 54. — En matière pénale non politique, les commissions rogatoires émanées de l'autorité étrangère seront reçues par la voie diplomatique et transmises, s'il y a lieu, aux autorités judiciaires françaises compétentes.

En cas d'urgence elles pourront être envoyées directement aux autorités françaises, qui devront en donner avis au Ministre de la justice.

Ces commissions rogatoires devront être exécutées sans délai, à moins que la loi française ne s'y oppose.

Mais elles devront préalablement être déclarées exécutoires sur la réquisition du procureur de la République par le juge d'instruction du lieu où elles doivent être exécutées, lorsqu'il s'agira de visites domiciliaires, perquisitions, saisies du corps du délit ou autres pièces à conviction.

Art. 55. — Les citations dans une cause pénale non politique suivie à l'étranger, de témoins domiciliés ou résidant en France, ne seront reçus en France et signifiées que sous la condition que ces témoins ne pourront être poursuivis ou détenus pour des faits ou condamnations antérieures, ni comme complices des faits donnant lieu à l'accusation.

Art. 56. — Les frais de voyage et séjour alloués aux témoins par les tarifs pourront leur être avancés en tout ou en partie en France, lorsque cela aura été ainsi réglé dans les conventions internationales, ou que cela sera pratiqué réciproquement par les Gouvernements.

Art. 57. — L'envoi des personnes détenues en vue d'une confrontation, et la communication de pièces de conviction ou documents judiciaires, pourront être autorisés par le Gouvernement français.

La demande sera formée par voie diplomatique. Il y sera donné suite, à moins que des considérations particulières ne s'y opposent, sous la condition de renvoyer le détenu ou les pièces dans le plus bref délai.

ART. 58. — Les demandes concernant les opérations indiquées dans les articles 54, 55 et 57 ne pourront être admises que sous condition de réciprocité.

ART. 59. — Les frais d'arrestation, d'entretien et de transport et autres résultant de la poursuite en extradition, réclamée par un gouvernement étranger, qui auront été faits sur le territoire français, resteront à la charge de la France, qui ne les répètera contre le Gouvernement requérant l'extradition, que s'il en est autrement convenu par les traités, ou si ce Gouvernement refuse de les prendre à sa charge dans le cas où il est requis.

Les frais de passage sur le territoire français, en cas de transit, seront à la charge de l'Etat requérant, s'il n'en est autrement convenu dans les traités.

TITRE III

Dispositions communes aux extraditions réclamées par la France ou qui lui sont demandées

ART. 60. — Les gouverneurs des colonies françaises pourront, sous leur responsabilité et à charge d'en rendre compte à bref délai au Ministre de la marine, statuer sur les demandes d'extradition et autres demandes accessoires réglementées par la présente loi, qui leur seraient adressées soit par les gouvernements étrangers, soit par les gouverneurs des colonies étrangères, en se conformant aux conditions déterminées par la loi actuelle et aux règles de procédure qu'elle trace, autant que le permettra pour ces dernieres le régime légal de la colonie.

Cette faculté n'aura lieu que sous condition de réciprocité.

Les mêmes droits sont attribués à l'administration supérieure d'un pays de protectorat, lorsque les traités attribueront leur exercice à la France. Avis de toute demande de cette nature, adressée ou reçue, sera donné immédiatement au Ministre compétent.

ART. 61. — Toutes les pièces jointes aux demandes d'extradition devront êtres produites soit en original, soit en expédition ou copie authentique, d'après les lois du pays où l'acte a été passé.

Les actes en langue étrangère doivent être accompagnés des traductions certifiées en la langue du pays auquel ils sont remis, et ce à la diligence de ceux qui les produisent.

ART. 62. — Tous actes et documents dressés en vertu de le présente loi, seront exempts de timbre, enregistrés gratis et délivrés sans frais en France.

ART. 63. — Les traités et conventions d'extradition qui seront conclus à l'avenir par le Gouvernement devront être conformes aux règles et principes sanctionnés par cette loi.

S'ils s'en écartaient formellement, ils ne seraient valables et exécutoires de la part de la France que après avoir été soumis à l'approbation du Sénat et de la chambre des députés.

ART. 64. — Il n'est point dérogé aux droits que la France a, d'après les traités, capitulations et usages dans les pays hors chrétienté, de faire arrêter et traduire devant ses tribunaux les français et protégés de France, à raison des infractions aux lois pénales par eux commises. La même réserve est faite au sujet des droits de même nature qui lui sont conférés dans les pays de protectorat par les traités.

La présente loi n'est pas applicable aux détenus évadés des colonies pénitentiaires et autres établissements de détention de même nature, lorsque la remise doit en être demandée et opérée en conformité des règlements spéciaux et des traités qui y ont pourvu.

NOTES

OBSERVATIONS PRÉLIMINAIRES

Qu'est-ce que l'extradition? — L'extradition est l'acte par lequel un Etat livre un individu poursuivi ou condamné à raison d'une infraction à la loi pénale commise hors de son territoire, à un autre Etat qui, ayant le droit de le juger et de le punir, en réclame la remise.

L'Etat qui demande l'extradition est indiqué comme Etat requérant; l'Etat auquel on le demande, comme Etat requis.

Fiore, p. 471, définit l'extradition « un acte de procédure interne tendant à ramener le malfaiteur devant son juge naturel. »

Tous les auteurs reportent aux temps les plus anciens la pratique de l'extradition; mais le mot est nouveau, on employait autrefois ceux de restituer, remettre, ce qui exprimait peut-être une idée plus juste qu'extrader. C'est dans le même sens que les anciens nous paraissent avoir eu raison de dire *remittere* et non *tradere*.

Le décret du 19 février 1794 paraît avoir été le premier acte officiel ou le mot extradition ait été employé.

La pratique des extraditions est-elle justifiée? — La légitimité des extraditions a eu ses contradicteurs. Au XVI⁰ siècle, lord Koke posait comme principe du droit des gens, que les royaumes doivent être un sanctuaire inviolable pour les sujets qui y cherchent un refuge (*Revue étr.* t. xi, p. 349). Le droit d'asile absolu, a eu autrefois des défenseurs convaincus. Le Clercq (*De refugis reddendis*, p. 9) disait que chaque Etat était maître de recevoir ou repousser à son gré tous étrangers, et s'il lui plaît, *transfugis asylum præbere, imo recipere improbos et sceleratos omnes. Hoc si faciat, jure suo agit, neque alterius cujusvis civitatis jus lædit.* H. Kluït (*De deditione profugum*, p. 78-85 est du même avis. Sapey (*De la condition des étrangers en France*, p. 306), voudrait que le territoire de chaque nation, devenu sacré, fût un asile dans l'antique et religieuse acception du mot. M. Mège, à la chambre des députés, dénonçait l'extradition comme contraire aux traditions françaises, à la dignité nationale, à l'honneur du pays. Pinheiro-Ferreira n'y voit qu'une coutume barbare, un excès de pouvoir, une violation des droit des gens (*Revue étr.* t. i, p. 65). M. Serrazier (*Examen du projet de loi sur l'extradition*, p. 10) cite dans le même sens Voët, Puffendorf, Leyser, Martens, Kluber, Saalfeld, Schmalz, Mittermaier, Mangin, Stordy, Wheaton.

Mais ce ne sont que des exceptions, quelques nombreuses qu'elles soient, contre lesquelles proteste une fort ancienne pratique, et l'accord, que l'on peut considérer comme unanime, de tous les Etats. Sans doute les conditions de l'exercice de ce droit sont discutées, les bases sur lesquelles il se fonde ne sont pas toutes également admises. Sa nature et son caractère varient suivant quelques-uns de ses partisans; mais que ce soit un acte de justice et d'ordre public obligatoire, ou un simple acte de convenance internationale, de courtoisie et d'intérêt personnel, facultatif, sa légitimité est mise actuellement hors de controverse. Trop de conventions internationales l'attestent pour pouvoir en faire ici le dénombrement, et je crois inutile de rappeler le nombre infini des auteurs qui la reconnaissent, quelque intérêt qu'il pût y avoir à les signaler en les classant dans les catégories diverses auxquelles ils appartiennent, les bases diverses sur lesquelles ils s'appuient devant justifier les divergences qui se produiront à l'occasion de certaines difficultés d'application.

M. L. Renault, dans les sessions de l'Institut de droit international de Bruxelles et d'Oxford, lui demandait de déclarer que « l'obligation d'extrader repose sur l'intérêt commun des Etats et sur les exigences d'une bonne administration de la justice. L'extradition est une opération conforme à la justice et à l'intérêt des Etats, puisqu'elle tend à prévenir et à réprimer efficacement les infractions à la loi pénale. » C'est ce que l'Institut a inscrit en tête de ses résolutions. C'est la justification la plus vraie en théorie et en pratique de l'extradition. On la retrouve dans l'exposé du projet de 1878 (p. 3) ; « par l'extradition les gouvernements n'accomplissent pas un acte avantageux à leurs intérêts : ils s'acquittent d'un devoir et remplissent une mission. »

Nécessité d'une loi. — Des règles générales et fixes sont d'autant plus nécessaires en cette matière qu'il existe un très grand nombre de traités avec des clauses souvent fort variées, et qu'il est nécessaire que chaque Etat ait une loi intérieure qui assure à la marche de la procédure une uniformité qui à défaut manque complètement.

Lorsqu'il s'agit de la liberté des étrangers, de leur honneur, de leurs intérêts les plus graves, rien ne doit être laissé à l'arbitraire et à l'incertitude, et des garanties sérieuses et déterminées doivent être assurées par la loi.

Aussi la doctrine ne manque pas de réclamer, en en justifiant l'utilité, des lois intérieures sur l'extradition. Je cite parmi les auteurs qui ont écrit sur la matière : Fiore, p. 350: Bernard, t. 2, p. 32; Goddyn et Mahiels p. 104; de Bar; L. Renault, Rapport à la session d'Oxford de l'Institut de droit international, *Annuaire*, p. 75. L'art. 4 des résolutions arrêtées par l'Institut du droit international à Oxford porte : « Il est à désirer que dans cha« que pays une loi règle la procédure de la matière, ainsi que les « conditions auxquelles les individus réclamés comme malfaiteurs « seront livrés aux gouvernements avec lesquels il n'existe pas de « traités. »

L'extradition comporte-t-elle une réglementation législative? la question s'était déjà posée devant la commission du Sénat. Le rapport (p. 1, 2, 3) fait connaître les raisons qui l'ont conduite à la résoudre affirmativement à l'unanimité.

Cela ne sera-t-il pas de nature à gêner l'action gouvernementale dans des circonstances ou dans l'intérêt du pays, et en l'état des relations créées par des circonstances graves et exceptionnelles, cette action devrait conserver toute sa liberté? Malgré M. Seruzier, *Examen du projet de loi sur l'extradition*, p. 12 et 40, nous croyons pouvoir répondre négativement ; puisque quelles que soient les règles de procédure adoptées, la décision est toujours réservée au Gouvernement, qui conserve l'indépendance corrélative de sa responsabilité.

Ce n'est pas une expérience d'ailleurs qu'il s'agit de faire avec ses incertitudes et son inconnu. La Belgique a sa législation intérieure sur l'extradition, résultant des lois successivement promulguées les 1er octobre 1833, 5 avril 1868, 1er juin 1870, 15 mars 1874, 7 juillet 1875. Il y a sur la matière, dans les Pays-Bas, une loi spéciale du 13 août 1869, modifiée le 6 avril 1875. Dans la Grande-Bretagne, les actes des 9 avril 1870, 10 août 1866, 5 août 1873, et l'ordre du Gouvernement pour Malte du 21 février 1863. Dans les Etats-Unis, les lois des 12 août 1848, 22 juin 1860, 3 mars 1869, 19 juin 1876. Dans le Canada, la loi du 28 avril 1877. L'article 4 de son Code de procédure, promet à la Grèce une loi spéciale,

On s'accorde à reconnaître que ces Etats sont ainsi entrés dans la voie du progrès. L'exposé des motifs de 1878 nous dit avec raison (p. 1) : « La France, qui la première au siècle dernier avait frayé la route, ne peut demeurer en arrière dans cette voie. » Le Gouvernement français avait d'autant plus de raison de parler ainsi qu'il ne faisait que constater une vérité déjà proclamée par d'autres. Des Belges, MM. Maurice Goddyn et Edouard Mahiels écrivaient en 1880 : « La France n'a cessé de se tenir à la tête des nations « pour rechercher et consacrer les combinaisons destinées à satis-

« faire les progrès de cette institution..... C'est à la France que
« revient l'honneur des développements importants qu'a pris le
« droit d'extradition. »

Le ministère anglais, dans le conflit soulevé entre son pays et les
Etats-Unis, à l'occasion de l'extradition de Lawrence, rappelait que
« la France était celui de tous les pays, qui avait la plus longue expé-
« rience du droit et de la pratique de l'extradition. » Et cependant
nous sommes en retard ; n'est-il pas temps de satisfaire enfin à
l'engagement pris dans la loi du 18 février 1791, par laquelle l'Assemblée Nationale décrétait qu'une loi sur l'extradition serait donnée au pays, et de reprendre comme y convie M. le ministre des
affaires étrangères, le projet présenté par M. Dufaure, alors que le
ministre de la justice avait pour collaborateur M. Ribot ?

Statistique des extraditions. — Il paraît d'autant plus indispensable de soumettre à des règles fixes et certaines la procédure
de l'extradition en France, que ces actes sont devenus fort nombreux. D'après les statistiques officielles publiées par le ministère de
la justice de 1851 à 1860, il y a eu en moyenne, par an, 47 extraditions demandées par la France, et 74 accordées sur la demande.
— En 1872, 76 demandées, 192 accordées ; — en 1874, 163 demandées, 102 accordées ; — en 1879, 140 et 120 ; — en 1883,
125 et 273 ; — en 1885, 146 et 207. — En Belgique, alors que,
en 1885, il n'avait été traité que 39 affaires d'extradition, ce chiffre
s'élevait à 121 en 1870 et atteignait 312 en 1873.

Titre de la loi. — Le projet de loi de 1878 était ainsi conçu :
Projet de loi *relatif à l'extradition des malfaiteurs.* Sur la demande de la commission du Sénat (Rapport, p. 5), on a proposé d'y
substituer ce titre : *Loi sur l'extradition pour crimes et délits,*
et plus simplement *Loi sur l'extradition.* C'est ce dernier titre
qu'a accepté le Sénat et qui paraît devoir être maintenu. La loi anglaise du 9 août 1870 porte, article 4, le présent acte sera cité à
l'avenir sous le nom de « Extradition act. 1870. » L'amendement

de 1873 doit être cité sous le titre de « Extradition. act. 1873.» Les
lois belges de 1833, 1856 et 1874 portent le titre de « Loi sur l'extradition » ; la loi néerlandaise de 1875 est intitulée « Loi réglant
les conditions auxquelles des traités d'extradition pourront être conclus avec les États étrangers. »

Divisions. — Les lois belge et néerlandaise ont procédé à la
règlementation sans placer sous des titres distincts les matières qui
en faisaient l'objet ; la loi anglaise contient plusieurs sous-titres et
annexes.

Le projet de 1878 divise les matières en deux titres :

Titre 1er, des conditions et des effets de l'extradition.

Titre 2, de la procédure d'extradition.

On est amené à se demander, en l'état de la différence des situations, suivant que le Gouvernement est requérant ou requis, s'il n'y
aurait pas lieu, sans surcharger le projet de distinctions trop nombreuses et inutiles, de consacrer une distinction que semble imposer
la nature des choses.

M. le sénateur Bozérian, membre de la commission du Sénat,
frappé par cette considération, avait proposé d'ajouter au projet un
titre III intitulé « Des français réfugiés à l'étranger ». Ses observations furent considérées comme justes en principe (Rapport, p. 18
et suiv.), mais on crut pouvoir lui donner satisfaction au moyen de
quelques additions au texte des articles placés dans le titre I du
projet, sans modifier l'ensemble du projet primitif et se livrer aux
retouches que devait nécessiter l'examen des amendements proposés par l'honorable sénateur.

L'idée de M. Bozérian était donc admise en principe comme
juste ; il me paraît qu'il y aurait lieu de lui donner une consécration
plus complète en distinguant nettement deux situations essentiellement distinctes, tout en consacrant d'autre part les règles qui doivent leur rester communes.

Dans tous les cas, en ce qui concerne la procédure en particulier,
la situation de l'État requérant et de l'État requis est complètement

distincte et indépendante l'une de l'autre, elle se rapporte à des périodes diverses, comment serait-il permis de les confondre. M. Bernard en a déjà fait lui-même la remarque, la procédure à suivre se
divise naturellement en deux périodes : 1° celle dans laquelle le
pays requérant sollicite l'extradition : 2° celle dans laquelle le pays
de refuge répond à la requête.

Si on admettait la subdivision que semble comporter la matière,
on pourrait, en maintenant les titres du projet et sans modifier autrement les divisions qu'il a adoptées; après les dispositions communes, placer sous deux sections distinctes les règles applicables
aux extraditions demandées par la France et celles qui lui sont
réclamées.

Dans une loi intérieure il me paraît logique de régler d'abord les
droits et les devoirs du gouvernement français qui, prenant l'initiative, demande qu'on lui livre un réfugié à l'étranger, avant d'indiquer les règles auxquelles il devra se conformer lorsque la demande lui sera adressée par un état étranger.

ARTICLE 1er.

Référence. — Article 1er du projet de 1878.

Droit pour le Gouvernement de demander et consentir les extraditions. — Il me paraît utile de poser en tête de la loi le droit pour le Gouvernement de demander et consentir l'extradition, comme une disposition initiale et devant servir de point de départ forcé.

La même idée se trouve dans l'article 1er du projet de 1878, mais elle est exprimée en l'accompagnant de quelques-unes des conditions auxquelles l'exercice de ce droit est subordonné : nationalité, faits commis sur le territoire d'une tierce puissance, tout cela me paraît devoir être reporté dans les articles suivants, destinés à indiquer les conditions dans lesquelles ce droit s'exercera. Le principe à mon avis devrait dès lors être exclusivement posé dans cet article. Le droit est ainsi sanctionné, viendront ensuite les développements nécessaires à l'occasion de sa mise en pratique.

Condition de réciprocité. — Si on admet la nécessité de la réciprocité pour qu'il y ait lieu à l'extradition, c'est ici toutefois que cela devrait être exprimé, par exemple, comme suit : « Le Gouvernement peut, sous condition de réciprocité, et en se conformant etc... »

Le projet de 1878 exige la réciprocité pour que l'extradition soit possible, l'exposé des motifs porte même que « l'extradition des malfaiteurs est dominée par le principe de la réciprocité. » M. de Ventavon, membre de la commission du Sénat, jurisconsulte sérieux, avait demandé la suppression de la condition de réciprocité imposée aux puissances qui réclamaient de la France l'extradition, le Rapport nous dit (p. 10), que la commission n'a pas hésité à reconnaître que l'inspiration qui dictait la proposition était d'une grande élévation ; elle n'a cependant pas cru devoir l'accueillir, parce que la renonciation serait dangereuse en ce qu'elle enlèverait à la France un moyen d'assurer l'autorité de ses lois contre ceux qui cherchent à s'y dérober, et que cette renonciation n'était pas commandée par la justice, parce que cette condition est équitable et ne froisse aucun intérêt légitime : la France n'ayant pas à se faire l'auxiliaire du pouvoir répressif des souverainetés qui lui refusent un concours réciproque. La loi belge de 1874 l'a inscrit dans l'article 1er.

Je ne la retrouve pas, du moins formellement mentionnée, dans la loi néerlandaise. Je comprends très bien qu'elle se retrouve dans tous les traités, et qu'en pareil cas elle soit prise pour règle de conduite dans ces actes internationaux où elle est toujours, quelle que soit la matière, une condition en quelque sorte nécessaire ; mais pourquoi en serait-il de même dans une loi nationale et intérieure ? Pourquoi en faire une condition nécessaire, irritante ; tel pays ne livre pas à la France les malfaiteurs réfugiés sur son territoire, pourquoi la France sera-t-elle fatalement obligée de ne pas livrer les malfaiteurs étrangers réfugiés sur le sien, s'ils lui sont réclamés, et qu'elle soit très désireuse de les livrer, non-seulement dans un intérêt de justice abstraite, mais même dans un intérêt d'ordre intérieur. Mais le pays étranger ne livrera pas le français réfugié sur son territoire. Si ce pays a ce tort, pourquoi la France s'en rendrait-elle solidaire et à son propre détriment. Pourquoi écrire le principe de la réciprocité d'une manière ferme dans la loi, lorsqu'il faudra s'en écarter quand on traitera avec des pays n'appartenant pas au même degré de civilisation ?

D'ailleurs, cette réciprocité posée en principe ne sera le plus souvent, dans bien des circonstances, qu'un vain nom, les conditions dans lesquelles le fugitif peut être livré variant suivant l'organisation politique, administrative ou judiciaire intérieure, ce ne sera qu'une réciprocité imparfaite ; or la réciprocité pour être réelle doit être absolue, et comme le fait remarquer M. Prévost Paradol (*Revue des Deux-Mondes*, 15 février 1866) « les difficultés pour les extraditions élevées entre l'Angleterre et la France tenaient à ce qu'on avait voulu avec obstination plier l'Angleterre à une récipocité exacte qui eut blessé ses traditions, ses mœurs et ses lois. » Aussi le principe de la réciprocité, combattu généralement, ne nous paraît pas pouvoir figurer dans une loi sur l'extradition, alors que, comme le faisait remarquer M. de Ventavon, la France n'avait pas songé à l'appliquer autrefois, même à l'abolition du droit d'aubaine. Les résolutions d'Oxford de l'Institut du droit international disent « la réciprocité en cette matière peut être commandée par la politique : elle n'est pas exigée par la justice. » Or la loi de procédure sur l'extradition n'est pas une loi politique

Dans le même sens, voyez Bard, *Précis de droit intern.*, p. 37 ; Bomboy et Gilbrin, p. 49 ; Bonafos, p. 130 ; Bernard *passim* ; Delorme. *Précis du droit crim. intern.*, p. 156 ; Ch. Antoine, *Revue crit.*, 1879, p. 285 ; Fiore, n° 314 ; L. Renault, *Etude sur l'extr. en Angleterre.* p. 43 ; Rapport à l'Inst. de droit int., 1881-1882, p. 76 ; Fiore, p. 467 ; Dernière commission anglaise, etc.

ARTICLE 2.

Référence. — Art. 10 du projet de 1878.

Caractère de l'extradition. — Le projet de loi de 1878, pas plus que la loi belge, ne croient devoir constater directement le caractère de l'extradition, que la loi néerlandaise de 1875 ne mentionne que d'une manière fugitive dans son article 8.

Il me paraît difficile de conserver cette prudente réserve dans le projet actuel. Si la loi intérieure sur l'extradition promulguée dans un Etat ne peut avoir le caractère d'une réglementation internationale, la matière elle-même a ce caracrère, et il me paraît difficile de ne pas le déclarer. Les proclamations de principes parfois génantes pour le législateur dans le développement de son œuvre, et qu'il laisse aux soins de la doctrine et de la jurisprudence, ont d'ailleurs l'avantage d'assurer plus d'unité et de cohésion à la loi.

Une base est d'autant plus nécessaire à poser nettement ici que, suivant le principe que l'on adoptera, le projet devra avoir des allures toutes différentes.

Longtemps en effet la matière a paru exclusivement administrative ou, pour être plus exact, je dirai gouvernementale, aujourd'hui plusieurs voudraient lui attribuer un caractère exclusivement judiciaire. M. le conseiller Paul Bernard a fait pour défendre ce système un travail considérable, couronné par l'Institut de France.

Il nous semble impossible d'entrer dans cette voie et de considérer la matière comme exclusivement judiciaire, à cause de sa nature elle-même et de la pratique des États.

En effet, il s'agit ici d'un acte de souveraineté qui appartient au gouvernement, qui doit lui être réservé et ne peut être délégué au pouvoir judiciaire. Tout le monde le reconnaît, M. Bernard lui-même (t. 2, p. 17, 25, 525) ne conteste pas ce caractère en principe. La Cour de Cassation de France a dit justement, le 13 avril 1876 : « Le droit d'extradition est un droit que le gouvernement puise dans sa propre souveraineté. »

On a dit que l'attribution à l'autorité judiciaire, en assurant le respect d'une règle fixe, déchargerait le gouvernement de la responsabilité que son action fait peser sur lui. Mais qu'on y réfléchisse, cette manière de se soustraire à des obligations ou à des conventions internationales n'est pas une solution ; elle ne fait souvent qu'aggraver le mal et porter atteinte à l'entente et à la bonne harmonie des États en constituant l'un d'eux, par ses institutions intérieures, réfractaire aux principes qui peuvent les garantir. Puis, en pratique, cette immixtion de l'autorité judiciaire n'a pas été toujours heureuse lorsqu'elle a été tentée, je pourrais le démontrer en suivant dans son application le traité de 1760 entre la France et la Sardaigne, ayant établi des relations directes entre les Cours d'appel en matière d'exécution de jugements, c'est à dire bien plus judiciaire que l'extradition.

D'ailleurs, en transportant l'action dans le domaine de l'autorité judiciaire, il faudra qu'elle y passe dans les conditions où fonctionnent les institutions judiciaires du pays, avec les délais, les recours, les incidents qu'elles admettent, et que diraient ceux qui trouvent l'action diplomatique trop lente et trop difficile; M. Macé (*Le service de la sûreté*, p. 309) dit « qu'une extradition par voie diplomatique nécessite autant de temps que la conclusion d'un traité avec la Chine. » Que dirai-il s'il avait à enregistrer les lenteurs de la marche des actions judiciaires et les frais qu'elles occasionnent. L'expérience est là qui répond. L'Angleterre et les Etats-Unis ont donné en ces matières une part assez large à l'autorité judicaire. De l'avis de tous chaque extradition nécessite de bien longs délais et ne coûte pas moins de 10,000 à 12,000 fr. en moyenne. L'extradition de Farez, demandée par la Suisse aux Etats-Unis, avait déjà occasionné 12,347 fr. 50 c. de frais, au moment où cet individu a disparu. Le Conseil fédéral suisse, à cette occasion, a signalé deux extraditions, l'une ayant coûté 175,000 fr. l'autre 100,000 fr. L'ex-, tradition des caissiers du chemin du Nord, réclamée par la France, n'a abouti qu'après dix mois et a coûté 200,000 fr. L'extradition de Stupp, réclamée par la Belgique, n'a eu lieu qu'après un an et a coûté 100.000 fr.

En résumé, ne regrettons pas que l'extradition reste ce qu'elle est, un acte de gouvernement, de règlement de relations d'Etat à Etat, d'intérêt public international. Si dans l'instruction il peut être utile et sage de recourir à l'intervention de l'autorité judiciaire, pour que les intérêts de l'extradé soient suffisamment respectés et garantis, cette intervention doit être accessoire, limitée, porter principalement sur des constatations de nature à motiver sûrement la décision du gouvernement.

« L'intervention du pouvoir judiciaire dans la procédure d'extradition, disent MM. Goddyn et Mahiels, avocats à la Cour de Bruxelles, a été admise en Belgique à une grande majorité sur la proposition de MM. Gendebien et Liedts. Elle ne change pas néanmoins la nature de l'extradition. Cette dernière reste un acte de haute administration, un acte gouvernemental en ce sens que le gouvernement est seul juge de l'opportunité de la mesure, alors que les formalités prescrites par la loi ont été observées. Tout ce que le législateur a voulu, c'est que le pouvoir exécutif, avant de statuer sur la demande qui lui est adressée, s'éclairât sur la décision qu'il avait à prendre. Certes, dit M. Mathieu, c'eût été rompre l'équilibre des pouvoirs que d'autoriser la justice à s'immiscer dans les relations extérieures : mais lorsque l'examen de la cause n'est qu'une mesure d'instruction, peut-on dire que les juges étrangers soient cités à la barre d'un tribunal belge... »

En respectant ces principes et en se tenant dans cette voie, on ne fait d'ailleurs que reproduire ce qui est écrit dans presque toutes les conventions d'extradition et admis par la presque unanimité de la doctrine. Je n'ose entreprendre l'énumération des conventions, tellement elles sont nombreuses. Je cite au hasard les traités de la France avec le Danemark de 1877, art. 14 ; l'Espagne, 1877, article 4 ; l'Autriche, 1855, art. 1 ; l'Italie, 1870, art. 4 ; le Portugal, 1854, art. 1 ; la Prusse, 1845, art. 1 ; la Suède et Norwège, 1869, art. 1 ; la Belgique, 1854, art. 4 ; la Suisse, 1869, art. 3 ; les Pays-Bas, 1877, art. 7. Je ne trouve la voie diplomatique écartée que dans la convention avec la Chine de 1858, Madagascar de 1868, Siam de 1856 ; pas n'est besoin d'expliquer pourquoi.

Dans ce sens : C. pén. sarde de 1859, art. 11 ; circ. min. just. de France, 5 avril 1841, 30 juillet 1872, 30 décembre 1878 ; acte anglais de 1873 ; résolutions de l'Institut de droit intern., Oxford, 1880, art. 18.

Le Clercq, Fiore, de Vazelhes, Goddyn et Mahiels, Billot, Bomboy et Gilbrin, de Stieglitz, L. Renault, etc. etc.

Action directe attribuée exceptionnellement aux autorités des divers pays.—Le projet de 1878, comme la plupart des traités, fait des réserves en ce qui concerne l'exercice de l'action directe des agents et fonctionnaires des divers pays, en cas d'urgence, de mesures provisoires et d'exercice de cette action dans les colonies ; mais à charge de donner avis à l'autorité gouvernementale, sous la réserve de sa sanction et de sa direction ; elles seront reproduites dans les dispositions suivantes, mais pour éviter une contradiction apparente entre le principe et son application, il peut paraître utile de les signaler dès maintenant ici.

ARTICLE 3.

Demandes collectives. — Il a été formé parfois des demandes collectives se bornant à désigner, sans autre indication les auteurs ou complices d'un délit ou d'un crime, qui pourraient se trouver sur le territoire requis. Ces désignations vagues ne sauraient être admises. Chaque personne dont l'extradition est demandée, doit être personnellement désignée avec les justifications nécessaires la concernant spécialement. L'État requis doit apprécier s'il doit ou non consentir à ce que cette personne désignée soit extradée ; mais il ne peut, sous prétexte d'extradition, être chargé d'une procédure à instruire sur son territoire contre des inconnus.

ARTICLE 4.

Référence. — Article 4 du projet de 1878.

Une poursuite doit être régulièrement introduite. — Il faut qu'il existe contre la personne réclamée une poursuite judiciaire régulièrement instruite et suivie ; nous verrons plus tard comment elle doit être constatée. Des soupçons accompagnés d'actes de surveillance, des mesures administratives plus directes et personnelles ne peuvent suffire.

On a même essayé de soutenir qu'il fallait au moins un acte de mise en prévention ou en accusation, et que la poursuite, même régulièrement intentée par un magistrat, ne devait pas suffire. Ce surcroît de garantie, réclamée en faveur du fugitif, qui reconnaît implicitement qu'il a bien quelque chose à se reprocher en franchissant la frontière, enlèverait à l'extradition une large part des résultats utiles qu'elle doit procurer à la justice. Aussi le projet français de 1878 admet que la demande puisse être faite dès qu'il y a une poursuite judiciaire régulièrement suivie. Il est en cela conforme à la loi belge de 1874 art. 1, l'acte anglais de 1870 art. 2, la loi néerlandaise de 1875 art. 4, ainsi qu'aux mentions de la plupart des traités. Convention entre la Belgique et l'Allemagne du 24 décembre 1874 art. 1, et l'Angleterre 20 mai 1876 ; entre la France et l'Angleterre 14 août 1856, l'Autriche 13 novembre 1855, Bade 27 juin 1854, la Belgique 15 août 1874, Brême 10 juillet 1847, etc.

Les traités qui exigent que la poursuite ait été suivie d'une décision judiciaire d'instruction, sont les conventions Belge et Brésil 21 juin 1873 art. 1 et 3, Belge et Espagne 17 juin 1870 art. 1, France et Luxembourg 12 septembre 1875 art. 1.

Le projet français dit « tout individu poursuivi, mis en prévention ou en accusation ». J'ai vu cette rédaction critiquée, parce qu'on pouvait l'entendre comme ne s'appliquant qu'à des poursuivis qui sont mis en prévention ou accusation. La loi Belge disant « tout individu poursuivi ou mis en prévention », ne peut prêter à l'équivoque.

Infractions commises sur le territoire d'une puissance tierce. — Le droit de réclamer en pareil cas l'extradition, lorsque l'infraction peut être jugée par les tribunaux français, est inscrit en principe dans l'article 4 du projet de 1878 et dans la loi Belge art. 2.

L'étendue en est déterminée par l'article 7 du Code d'instruction criminelle modifié par la loi du 4 juillet 1866, et distraction faite d'après les articles suivants du projet sur l'extradition, des matières politiques.

Ce droit est consacré par plusieurs traités ; ainsi nous lisons dans la convention entre la Belgique et l'Allemagne du 24 décembre 1874 art. 1 *in fine* : « Lorsque le crime ou délit donnant lieu à la demande d'extradition aura été commis hors du territoire de la partie requérante, il pourra être donné suite à cette demande, pourvu que la législation du pays requis autorise dans ce cas la poursuite des même faits commis hors de son territoire. » Les conventions entre la France et la Belgique du 15 août 1874 art. 1 § 2, de l'Italie avec la Belgique du 15 janvier 1875, les Pays-Bas du 20 mai 1869; avec le Portugal du 18 mars 1878, disposent de même.

D'après l'acte anglais du 9 août 1870 art. 16 : « L'extradition du fugitif peut être réclamée pour crime commis, en pleine mer, à bord d'un vaisseau qui pénètre en Angleterre. »

Peut-être n'est-il pas nécessaire de faire observer que lorsque la loi porte que la personne ne pourra être poursuivie que si elle est trouvée sur le territoire, on ne saurait l'y ramener par voie d'extradition.

ARTICLE 5.

Référence. — Cette rédaction est en parfaite concordance avec l'article 1er du projet de 1878, adopté par le Sénat.

National de l'Etat requis. — La question de savoir si la France doit livrer ses nationaux se présentera lorsqu'il s'agira de fixer les conditions auxquelles l'extradition doit être accordée par la France, et nous aurons à fournir à ce sujet quelques observations (*infrà* notes sous l'art. 46). Il y sera établi que certaines nations ne répugnent pas à livrer leurs nationaux, pourquoi dans ce cas priver par une disposition légale, ferme et absolue, la France de profiter de cette faculté qui lui serait offerte, sans l'engager par une obligation réciproque ?

Citoyen d'une puissance tierce. — Le requérant peut évidemment réclamer qu'on lui livre son national réfugié à l'étranger, mais si l'auteur de l'infraction est sujet d'une puissance tierce, ce droit existe-t-il toujours ?

Le projet de 1878 l'admet puisqu'il ne fait pas d'exception en sa faveur au droit d'extrader. Les lois étrangères le consacrent implicitement en permettant à leurs gouvernements d'autoriser l'extradition de l'individu réfugié sur leur territoire, pourvu qu'il soit étranger, sans distinction entre les catégories d'étrangers et leur nationalité. Les traités l'ont sanctionné, on le trouve dans les conventions italiennes avec la Belgique de 1875, avec l'Autriche de 1869, le Danemark de 1873, l'Allemagne de 1871, la Suisse de 1868, le Luxembourg 1878, le Grèce 1877, le Portugal 1878 ; dans celles de la France de 1854 à 1869 avec Waldeck, Hanovre, Autriche, Etat-Pontificaux, Chili, Suède, le Portugal, etc. Dans des conventions antérieures avec Bade, Brême, Hambourg, la Hesse, les Mecklembourg, la Saxe, le Wurtemberg, la Nouvelle-Grenade, le Venezuela, et postérieures avec le Portugal, déclaration du 30 décembre 1872 ; le Pérou, convention du 30 septembre 1874.

Avis à donner au Gouvernement de l'extradé. — Il faut donc admettre que la France pourra réclamer l'extradition sans qu'on puisse lui opposer la nationalité de celui qui en fait l'objet, comme étant étranger aux Etats requérants et requis. Mais le gouvernement tiers devra-t-il être avisé ? Je pourrai me borner à faire remarquer que, dans tous les cas, si un avis doit lui être donné, ce n'est pas au requérant que cette obligation incombe (Billot, p. 81, 82, Bomboy et Gilbrin, p. 27) ; mais poursuivons et voyons si un avis doit être donné, par le pays requis.

Divers systèmes sont en présence : la communication est facultative d'après les uns, l'avis est obligatoire d'après les autres ; l'extradition est possible même en cas d'opposition du tiers auquel un avis a dû être donné, suivant ceux-ci ; elle n'est possible qu'en cas d'assentiment de la puissance tierce, suivant ceux-là.

L'obligation pour le requis de donner un avis à la tierce puissance, est écrite dans plusieurs traités de l'Italie avec divers Etats de l'Amérique du Sud, l'Espagne et la Suède, conclus de 1866 à 1872.

L'obligation d'obtenir le consentement du tiers se trouve dans les traités entre la France et la Sardaigne de 1838, le Portugal, Bade de 1844, les duchés de Mecklembourg de 1847 et divers autres Etats allemands de 1847 à 1853.

Mais les traités les plus récents ne contiennent aucune clause à ce sujet (Vazelhes, p. 75 ; Bernard, p. 127).

La clause qui se trouvait dans le traité anglais de 1852 ne se retrouve pas dans celui de 1876.

Il n'y a rien à ce sujet dans le projet français ni dans les lois néerlandaise, belge et anglaise.

Mais c'est précisément à cause de la controverse qui a existé à ce sujet qu'il est bon d'indiquer au gouvernement quelle est la formalité qu'il a à remplir, s'il y en a une à sa charge.

Or nous croyons que s'il peut, dans certains cas, être convenable que le gouvernement requis soit averti, c'est là une mesure qui doit être essentiellement facultative et nullement obligatoire : c'est une question de convenance, de courtoisie, d'opportunité, dont dans chaque affaire le gouvernement doit être seul juge ; et cette observation s'applique au requérant, comme au gouvernement requis. C'est l'avis de Calvo, § 1256 ; Bernard, ii, p. 664; Bomboy et Gilbrin, p. 27 ; Fiore p. 557, etc.

C'est la pratique suivie en France (Bomboy et Gilbrin, p. 27). Le principe a été sanctionné dans la plupart des derniers traités, ou bien ils sont restés muets quant à ce.

Pourquoi contraindre un gouvernement à solliciter une intervention qui, en dehors de l'examen sérieux de l'affaire, peut amener des difficultés et des conflits.

Effets de l'avis. — Quoiqu'il en soit, alors même que l'avis devrait être sollicité, il ne saurait porter atteinte à l'indépendance du Gouvernement requis, qui, à moins de stipulations contraires dans les traités, ne serait nullement lié par cet avis, et resterait libre d'accueillir ou de repousser la demande. Faustin-Hélie, t. 2, p. 19; de Vazelhes, p. 75 ; Bernard, p. 124 et suiv. ; Bonafos, p. 20 ; Goddyn et Mahiels, p. 169; Fiore, p. 558 ; Billot p. 81.

ARTICLE 6.

Référence à la loi française. — La loi belge sur l'extradition a pris pour base la législation nationale, lorsqu'elle a déterminé les cas où cette mesure serait applicable. C'est la base, adoptée par le projet de 1878 art. 6. Il ne paraît pas que la loi française puisse procéder autrement, surtout lorsqu'il s'agit d'indiquer les faits à raison desquels le gouvernement français pourra provoquer une pareille mesure. Comment la France pourrait-elle songer à réclamer une extradition pour un fait puni par la loi étrangère et qui ne serait pas puni par la loi française. Qu'en sera-t-il quand l'extradition sera demandée à la France ? C'est ce que nous examinerons plus tard.

Gravité suffisante des faits. — Bien que les cas d'extradition aient été étendus des crimes à certains délits, et qu'on ait considéré cela comme un progrès au point de vue d'une bonne administration de la justice et des relations internationales; il est des limites qu'on ne saurait franchir, et l'extradition ne saurait être autorisée pour tous les faits pouvant donner lieu à une répression quelconque. Si les distinctions que posait à ce sujet d'une manière absolue entre les crimes et les délits, le garde des sceaux de France, dans sa circulaire du 5 avril 1841 sont aujourd'hui abandonnées, il continue à avoir raison de dire : il faut une raison puissante pour faire rechercher sur la terre étrangère l'homme qui s'est puni par l'éloignement volontaire de la patrie. *De nonnullis etiam hujus* *generis delinquentium dici potest, illos pluria incommoda pati fuga, quam ipsa pœna* ; H, Kluit, *De deditione profug.* Sic Bomboy et Gilbrin, p. 58 ; Fiore, p. 305.

L'Institut du droit international, dans sa réunion d'Oxford résumait ainsi sa résolution. Art. 12 : « L'extradition étant toujours une mesure grave, ne doit s'appliquer qu'aux infractions de quelque importance. »

Détermination des faits de nature à motiver une extradition. — Presque toutes les conventions et toutes les lois étrangères sur l'extradition contiennent une nomenclature détaillée des faits qui peuvent y donner lieu. Ce procédé, bien qu'il ait été presque exclusivement suivi, n'est pas sans inconvénients Ces nomenclatures sont le plus souvent incomplètes et insuffisantes, les indications qu'elles contiennent donnent lieu à de nombreuses difficultés d'interprétation et d'appréciation ; il n'est pas toujours facile d'établir une parfaite concordance entre les textes des traités eux-mêmes au moyen de termes complètement équivalents dans les deux langues ; ce qui a fait désirer de voir substituer à ces nomenclatures des formules générales. On commence à les trouver dans les conventions entre la France avec la Belgique du 29 avril 1869, avec la Suisse du 19 juillet 1862, avec la Bavière du 29 novembre 1869; avec l'Italie du 12 mai 1870, et dans quelques autres actes.

Le projet de loi français de 1878 est entré dans cette voie, il a adopté une formule brève, simple et nette, en s'en rapportant à la loi française et en adoptant pour les crimes la classification de cette loi et pour les délits l'échelle des pénalités qu'elle édicte. L'exposé des motifs, page 8, et le rapport au Sénat, page 11, paraissent justifier suffisamment le projet sur ce point.

S'agissant ici, d'après la division que nous proposons, de déterminer les cas où le ministre de France pourra former une demande, il était tout naturel que nous nous reportions nous-mêmes à la loi française.

L'objection est facile à prévoir, elle est suggérée par les stipulations qui se trouvent dans la plupart des traités, et où il est dit que le fait donnant lieu à l'extradition devra être prévu avec un caractère suffisant pour la motiver, dans la législation des deux pays contractants. Mais il ne faudrait pas, en faisant une loi, se placer au point de vue tout différent où l'on se trouve forcément lorsqu'on fait un traité, c'est-à-dire un accord entre deux États, et où toutes les convenances particulières de ces deux États doivent être respectées ; sinon il faudrait ici s'en rapporter à tous les traités existants et à toutes les législations pénales antérieures, ce qui est impossible puisque la nomenclature des faits varie dans tous les traités et dans presque toutes les législations. Faisant une loi pour la France et appelés à déterminer les cas où le gouvernement français sera autorisé à former une demande d'extradition, c'est évidemment la loi pénale française qu'il faut prendre pour base ; sauf au gouvernement à ne pas profiter des facultés qui lui sont données par cette loi, lorsque des motifs quelconques et spécialement la législation intérieure d'un état étranger ne lui permettront pas d'en user. Mais ce n'est pas à un ensemble de législations étrangères impossible à former qu'il faudra recourir pour établir des règles.

Extension de cette nomenclature. — Plusieurs auteurs font remarquer que la nomenclature des faits pouvant motiver une extradition, fort bornée d'abord, a été toujours en s'élargissant et a tendu à placer sous l'action de la justice répressive le plus grand nombre d'individus passibles d'une condamnation. D'abord restreinte aux crimes, on y a introduit un certain nombre de délits ; et cette extension, admise par les traités, a été considérée par les divers gouvernements et les corps électifs des pays qui ont sanctionné leurs actes comme un véritable progrès. Comparer les instructions du garde des sceaux de France du 2 avril 1841 avec celles du 30 juillet 1872, le texte des divers traités successivement conclus, et les lois étrangères sur l'extradition.

Tentative. — Elle est assimilée par le projet de 1878 aux crimes, en conformité de l'article 2 du Code pénal français, et elle est admise pour les délits toutes les fois que notre Code a puni la tentative de délit.

Avant 1869, l'assimilation de la tentative au crime en matière d'extradition n'était généralement pas acceptée ; elle n'avait pas été cependant complètement repoussée, puisque certaines conventions l'avaient admise, mais pour certains crimes limités exclusivement. On peut consulter à ce sujet les traités conclus entre la France et les Etats-Unis en 1843; le Wurtemberg en 1853; la Prusse en 1845; la Saxe en 1850; le Portugal en 1854; la Nouvelle-Grenade, 1850; Brême 1847; l'Autriche-Hongrie 1855. Depuis 1869, sauf en ce qui concerne l'Angleterre, traité de 1876, conforme à la loi anglaise de 1870, la tentative a été considérée au point de vue de l'extradition, comme le crime lui-même, dans les traités de la France avec la Bavière, la Belgique, l'Espagne, l'Italie, le Luxembourg, la Suisse, le Danemark, et dans ceux entre l'Italie et l'Espagne, de 1870; la Russie, 1872; le Luxembourg, 1871; Monaco, 1874; le Pérou, 1874; la France, 1874; l'Allemagne, 1874; l'Italie, 1875; le Portugal, 1875; le Danemark, 1876; les Pays-Bas, 1877; entre la Belgique et l'Allemagne, du 24 décembre 1874, art. 2. Tous ces divers pays dès lors l'ont réciproquement admise.

Il en est ainsi des lois belge de 1874, art. 1; néerlandaise de 1875, art. 3.

Complicité. — Les complices d'un crime, en matière d'extradition, sont assimilés aux auteurs principaux dans presque tous les traités intervenus entre la France et les autres Etats, surtout depuis 1869. Il en était déjà ainsi auparavant dans les traités de 1845 avec la Prusse; de 1850, avec la Nouvelle-Grenade; 1853, le Venezuela; 1858, les Etats-Unis. Cette assimilation se retrouve dans les conventions de 1869 avec la Suisse: 1870, l'Italie; 1874, la Belgique et le Pérou; 1875, Luxembourg; 1876, Monaco; 1876, l'Angleterre; 1877, le Danemark et l'Espagne. Dans la convention entre la Belgique et la Hollande, du 16 janvier 1877, art. 1er.

Il en est de même pour les complices des délits atteints par les législations pénales d'après les conventions les plus récentes.

La règle est inscrite dans la loi belge de 1874, art. 1er ; l'acte anglais de 1873, art. 3 ; la loi néerlandaise de 1875, art. 3.

Délits spéciaux. — On a voulu exclure des causes d'extradition diverses infractions qu'on a proposé de désigner sous le titre de délits spéciaux ; une formule aussi vague et aussi générale me paraît devoir être écartée, parce que, comme l'ont fait remarquer entre autres MM. Bernard, p. 238, et Ortolan, *Eléments de Droit pénal*, t. 1, p. 653 , on est loin d'être d'accord sur la portée juridique que comporte cette indication, dans la doctrine et même dans les législations criminelles. Dès qu'une peine est édictée dans une législation spéciale et en dehors des codes criminels, on peut dire qu'elle est prononcée à raison d'un délit spécial ; mais alors les infractions les plus graves échapperaient à l'extradition, ainsi la loi française sur la police des chemins de fer, à raison de faits se rapportant spécialement à la sûreté de leur exploitation, prévoit les actes de la plus grave criminalité, dont les auteurs ne sauraient être exceptionnellement protégés dans leur fuite. Il en est de même de certains crimes ou délits spéciaux à la navigation maritime. Il y a donc lieu de s'en tenir au projet de 1878, qui comprend tous les faits ayant une gravité certaine et dès lors suffisante pour justifier l'extradition.

Mais, dira-t-on, vous pourrez ainsi y comprendre certaines infractions fiscales destinées à satisfaire aux intérêts du trésor plutôt qu'aux exigences des principes généraux de morale, de justice et de sûreté sociale ; sans entrer dans des explications toujours difficiles et vagues où l'on est entraîné en se plaçant à ce point de vue, ne pourra-t-on pas se borner à dire : lorsqu'une infraction est punie par la loi pénale française, dont les pénalités ne sont point exagérées, de deux ans de prison, quelle que soit la classe à laquelle cette infraction appartienne, le législateur français a suffisamment attesté la, gravité de cette faute pour que ceux qui la commettent ne puissent utilement réclamer des faveurs exceptionnelles.

Délits militaires. A cause de leur nature, du but d'intérêt exclusivement national qui les a fait prévoir et punir, des pénalités le plus souvent excessives qui les répriment, ne peuvent motiver des mesures internationales pour assurer leur poursuite; on est généralement d'avis de le reconnaître et le projet de 1878 ne pouvait se dispenser de le faire.

Toutefois je ne pense pas que le titre seul de militaire ou marin puisse entraîner une impunité absolue pour toutes les infractions qui pourraient leur être reprochées. Il y a des délits communs qui, par suite de la qualité des personnes, sont prévus et punis par le Code pénal ordinaire et par le Code militaire, mais d'une manière plus grave par le dernier. De ce que, à raison de la qualité de l'auteur, il est exposé à une peine plus grave écrite dans un code spécial, échappera-t-il aux conséquences du fait qui lui est reproché et qui aurait motivé une extradition. Ainsi certaines violences sont prévues par le Code pénal ordinaire, entraînant une peine de deux ans de prison ou une peine plus élevée, le prévenu de ces faits est soumis à l'extradition; mais le fait sera prévu par la loi militaire et la peine sera plus grave, parce que la victime de ces violences sera un supérieur ; ou bien il s'agira d'un vol commis par le militaire chez l'habitant où il a été logé, etc. etc. Dans tous ces cas le Code militaire couvrira-t-il la violence ou le vol au point de vue de l'extradition ? C'est une question qui se pose et que je propose de résoudre négativement. Voir les observations présentées à ce sujet par MM. Neumann., Albéric Rolin, Clunet, *Annuaire de l'Inst. de droit intern.*, 1882, p. 120.

Délits maritimes. — Le projet de 1878 porte, art. 2, que les faits indiqués comme motivant l'extradition comprennent aussi les infractions de droit commun commises par des militaires marins ou assimilés.

Nous nous demandions tantôt ce qu'on doit entendre par délits spéciaux. Ici nous sommes appelés à nous demander, sans plus de succès, ce qu'on doit entendre par délits de droit commun ; et pour aborder directement la difficulté qui se présente ; un crime ou délit commis sera-t-il un délit commun lorsque le fait étranger à toutes les règles de discipline et de hiérarchie, aura été commis au préjudice d'un tiers, à raison de la conduite du navire : un fait de baraterie, justiciable des tribunaux de répression par exemple ? L'affirmative ne me paraît pas douteuse, et c'est au moins dans ce sens qu'il faudra entendre la loi, même si on ne peut le lui faire dire assez nettement.

Déserteurs de l'armée de terre et de mer. — Avant 1830, la France avait conclu divers traités pour assurer la remise des déserteurs de ses armées et de sa marine ; mais depuis assez longtemps on a fait une distinction entre les militaires et les marins ; et, après 1830, en maintenant l'extradition pour les marins, on a cessé de l'appliquer aux militaires. On a dit pourquoi le pays de refuge refuserait-il de conserver sur son territoire un militaire déserteur : il n'a rien à craindre de se présence, quelque fois même il peut en profiter ; de plus, la désertion a parfois un caractère politique qui doit protéger celui auquel on la reproche. Pourquoi la France aurait-elle livré autrefois les Polonais désertant les armées russes pour ne pas combattre sous les drapeaux de la Russie ? Pourquoi livrerait-elle aujourd'hui les Alsaciens-Lorrains qui ne veulent pas être incorporés dans les armées allemandes.

Ces observations sont restées sans influence sur divers auteurs (Bernard, p. 249 ; Stieghtz, p. 74). En dehors des anciens traités entre la France et la Sardaigne, les Etats-Unis et le Wurtemberg ; entre la Russie et les Deux-Siciles ; le Danemark et l'Espagne, nous trouvons une convention assez récente, puisqu'elle est du 27 mai 1855, qui prescrit de livrer réciproquement les déserteurs des deux pays ; mais il faut reconnaître que les auteurs sont d'avis, à la presque unanimité, que cette règle ne doit plus être suivie pour les militaires, et que c'est ce que la pratique des nations a sanctionné.

Quant aux marins déserteurs il n'en est pas de même : c'est la règle contraire qui a prévalu, et les déserteurs continuent à être régulièrement réclamés et livrés. Les actes internationaux qui la constatent sont nombreux et nos lois intérieures, comme ceux des autres Etats, et notamment la loi du 5 janvier 1855 pour la Belgique, ont réglé la procédure à suivre pour en assurer l'exécution (ordonnances françaises des 7 et 24 novembre 1833, art. 15 ; 29 octobre 1833, art. 25 et 26 ; 7 novembre 1833, art. 15 sur les Consulats).

L'extradition des marins déserteurs est en effet réglée par des dispositions spéciales, à raison des caractères particuliers et des modes de procéder sommaires auxquels elle a dû être soumise.

En l'état, soit que la désertion des militaires dût ne plus motiver des extraditions, soit que la désertion des marins dût être soumise à des règles spéciales, le projet de l'article 5, par sa rédaction, ne permet pas de comprendre le déserteur, dans le cas d'extradition prévu par la loi ; mais en ce qui concerne les marins déserteurs, il nous a paru qu'il était nécessaire de dire qu'ils restaient sous l'application de la règlementation spéciale qui les concerne, pour qu'on ne pût considérer ces règlements comme abrogés par cette loi. D'ailleurs nous n'avons fait que suivre en cela l'exemple que nous donne le législateur néerlandais dans l'article 24 de la loi du 6 avril 1875.

Piraterie. — Le crime de piraterie en particulier est-il compris parmi ceux qui peuvent motiver une extradition ? La cause de douter vient de ce que les pirates étant des ennemis communs, *communes hostes omnium*, comme les désignait déjà Cicéron, ils peuvent être poursuivis et arrêtés par tous les navires qui les rencontrent, et que, étant justiciables de l'Etat qui les détient, c'est à celui-ci à les juger lui-même. Cependant le crime est mentionné comme pouvant donner lieu à l'extradition dans certains traités conclus par l'Italie ; ainsi on le retrouve dans les conventions entre ce pays et le Brésil, le Mexique, le Pérou, les Etats-Unis, l'Angleterre et la France, alors qu'il n'est pas mentionné dans les autres. Il est très rarement indiqué dans les conventions conclues par la France. Bien qu'il soit indiqué dans le traité entre les Etats-Unis et l'Angleterre, du 22 août 1842, cette puissance a refusé de déférer à la demande de cette nature que lui adressaient les Etats-Unis, par le motif que cette demande était présentée à l'occasion d'un fait de piraterie, rendant les prévenus justiciables des tribunaux de tout pays, et non du fait de piraterie *piracy municipal*, prévu par le traité. Notre traité avec l'Italie nous paraît donner, par sa rédaction, la base vraie de la solution à accepter. Il porte, art. 1, § 34 : « La piraterie et les faits assimilés à la piraterie, à moins que l'Etat requis ne soit compétent pour la répression et ne préfère se la réserver. »

Distinction entre les prévenus et les condamnés. — Le projet de 1878, après avoir dit que les faits punis par les lois françaises donneraient lieu à l'extradition lorsque la peine est de deux ans et au-dessus, ajoute : la peine applicable pour les inculpés, la peine appliquée pour les condamnés, détermine les cas d'extradition.

L'attention doit être appelée sur cette assimilation qui, comme le fait remarquer M. le sénateur Lenoël dans la discussion du projet de 1878 du Sénat, peut ne pas paraître suffisamment justifiée. Elle fait une situation beaucoup plus défavorable aux inculpés qu'aux condamnés : les premiers sont présumés devoir être frappés dans tous les cas par le maximum de la peine applicable, ce qui en fait est inacceptable ; l'application du maximum est la grande exception, l'inculpé peut être acquitté ou n'être condamné qu'à une peine légère ; le condamné ne peut plus prétendre à une reconnaissance d'innocence, et sa culpabilité reconnue commande moins d'égards. Aussi le projet de 1878 s'écarte-t-il en cela de tous les précédents.

Ainsi la convention de la France avec la Belgique, du 29 avril 1869, porte qu'en matière correctionnelle, l'extradition aura lieu dans les cas prévus :

1° Pour les condamnés, lorsque la peine prononcée sera au moins *d'un mois* de prison.

2° Pour les prévenus, lorsque la peine applicable sera au moins *de deux* ans d'emprisonnement.

Le traité du 12 mai 1870 entre la France et l'Italie, pour les condamnés fixe une condamnation à *deux mois* d'emprisonnement, pour les inculpés une peine applicable de *deux ans*. Le traité du 9 juillet 1869 entre la France et l'Italie fixe dans les conditions ci-dessus, pour les condamnés deux mois; pour les inculpés deux ans. Avec la Bavière, 29 novembre 1869, deux mois et deux ans.

N'est-ce pas à cette distinction, consacrée non-seulement par des traités où figure la France, mais dans tous ceux où la situation est prévue, qu'il faut revenir?

ARTICLE 7.

Référence. — Art. 3 du projet de 1878.

Extradition en dehors des cas prévus par la loi. — On est généralement d'accord, comme nous le constaterons ailleurs, que l'énumération des cas d'extradition dans les traités, n'a qu'un caractère énonciatif et non limitatif, et qu'elle peut être appliquée, d'accord commun des contractants, à l'occasion de faits non prévus par la convention. Mais il n'en est pas de même lorsque ces cas ont été déterminés par la loi, l'énumération qu'elle contient est essentiellement restrictive et limitative, parce que dans ce cas elle ne résulte pas d'une convention que les contractants peuvent modifier, s'il intervient un accord commun, mais d'une règle fixe s'imposant à tous et ne pouvant être éludée sans violer la loi ; art. 6 de la loi belge du 1er octobre 1833 ; Goddyn et Mahiels, p. 105 et 110 ; Bomboy et Gilbrin, p. 17 ; Fiore, p. 336 ; traité entre l'Italie et la Suède et Norwège, 20 sept. 1866.

Mais la loi doit être largement appliquée.

Agents diplomatiques. — Il est des personnes qui, d'après le droit des gens jouissent de certains privilèges d'après leurs qualités, tels que les ambassadeurs et agents diplomatiques, ce n'est pas le cas de rechercher ici quelles doivent être l'étendue et les limites de ces privilèges ; mais il pourra paraître utile de ne pas négliger d'en tenir compte d'une manière absolue par un complet silence. Pourquoi le projet ne se borne-t-il pas alors à indiquer ces personnes par leur titre propre ? parce que les mêmes immunités sont reconnues dans le droit des gens aux chefs des Etats et à leur famille, et que sans entrer dans cette énumération plus ou moins extensible, suivant les temps, les lieux et les circonstances, il doit paraître préférable d'employer une formule plus générale.

Faits politiques — Il est inutile de justifier cette exception écrite dans le projet de 1878, justifiée par l'exposé des motifs de ce projet, p. 10, et le rapport au Sénat p. 13; elle se trouve mentionnée aujourd'hui dans tous les traités à de très rares exceptions près, alors que, autrefois, elle a été l'objet principal de certaines conventions ; elle est admise, je crois, par tous les auteurs, sauf Dollmann, qui, au mot extradition dans le dictionnaire politique, est d'avis qu'elle n'a ni fondement juridique, ni fondement politique.

La vraie difficulté qui se présente, consiste à déterminer ce qu'on doit entendre par délits et crimes ayant un caractère politique, si on doit y comprendre les faits connexes, ne pas en distraire les attentats contre les chefs d'Etat, etc.

Toutes ces questions, je ne pense pas qu'on puisse aborder leur solution dans la loi actuelle, leur étude prouve combien leur solution peut varier, et combien il est difficile de poser des prin-

cipes nets et suffisants pour les résoudre dans les diverses circonstances où elles se présentent. Toutefois je ne puis pas m'empêcher
de faire remarquer avec M. de Bar entre autres, qu'un caractère
politique ne sera pas attribué à des actes criminels commis contre
l'Etat par un caissier infidèle, un juge prévaricateur, et autres cas
qu'on peut placer dans la même catégorie.

Je répèterai avec l'Institut de droit international à Oxford : « 13.
L'extradition ne peut avoir lieu pour faits politiques. 14. L'Etat
requis apprécie souverainement, d'après les circonstances, si le fait
à raison duquel l'extradé est réclamé, a, ou non, un caractère politique. »

N'abordant pas ces questions, je n'ai pas à indiquer les sources
nombreuses où l'on peut puiser pour les résoudre.

Je n'aurai pas davantage à exprimer une opinion personnelle,
mais tenant à ne pas la dissimuler, je déclare être d'avis :

Que l'exception doit être maintenue, mais je n'admets pas qu'ici
le pavillon doive toujours couvrir la marchandise ; je me refuse à
considérer comme délits politiques, des délits de droit commun et
des forfaits que l'on veut excuser en leur attribuant ce caractère
quand ils ne l'ont réellement point ; avec mon collègue M. L. Renault, je fais une distinction entre un homme qui, pour une
cause réellement politique, commet une infraction, et celui pour lequel ce n'est qu'un prétexte.

On a coutume de placer tous les délits de presse parmi les délits
politiques. Je voudrai ne leur attribuer ce caractère que lorsqu'ils
l'ont réellement ; mais lorsque ce délit n'aura rien de politique,
lorsque ce sera un outrage aux mœurs, un acte de chantage à l'encontre d'un citoyen, d'un artiste, d'une société industrielle, une
diffamation contre une personne complètement étrangère à la politique et à raison de sa vie intérieure, je m'obstine à ne point y
voir ce qui n'y est pas, quel que soit l'instrument du délit.

Matières religieuses. — On a passé sous silence les délits d
cette nature, parce que généralement on les comprend sous le titre

de délits politiques. Fiore (p. 309) nous dit que l'Italie n'a jamais consenti à livrer des réfugiés poursuivis à ce titre. La commission anglaise de 1878 propose d'écrire cette exception dans la loi. M. Gessner, *Annuaire de l'Inst. de droit intern.* 1882, p. 127 assimile le motif religieux au motif politique. L'histoire a toujours approuvé l'asile assuré aux victimes des évènements politiques comme à ceux des dissensions religieuses.

Personne jugée à l'étranger avant la demande. — Quelle que soit la théorie qui prévaut en France au sujet de la force des jugements rendus à l'étranger, il faut bien dans la matière toute internationale de l'extradition, tenir compte, dans les relations d'Etat à Etat, des décisions qui interviennent en dehors de nos frontières.

Dans ces circonstances il doit donc être admis qu'un individu, déjà jugé à l'étranger à raison d'un fait, ne pourra pas être ensuite réclamé en France pour y être jugé de nouveau, à raison de ce même fait, qu'il ait été condamné, ou absous, ou acquitté. C'est une application, au moins désirable, de la règle *non bis in idem*. Elle est écrite dans un grand nombre de conventions ; traité entre la Belgique et l'Allemagne, du 24 décembre 1874, art. 4 § 1 ; entre la Belgique et les Pays-Bas, 16 janvier 1877, art. 2 § 2 ; France et Angleterre, 14 août 1876, art. 11 § 1 ; loi néerlandaise, 1877; art. 4.

Toutefois il faut qu'un jugement soit intervenu, une simple poursuite serait insuffisante puisqu'elle pourrait être incompétemment introduite, et, dans ce cas, elle ne doit pas pouvoir empêcher une extradition : un jugement d'incompétence serait même dans le cas de la faciliter. C'est pour cela que le ministre ne doit être privé du droit de formuler sa demande que lorsque l'affaire a été jugée au fond.

Prescription. — On s'accorde à reconnaître que lorsque la prescription est acquise, qu'il s'agisse d'une action ou d'une condamnation, l'extradition doit être refusée.

5

Mais quelle est la loi à suivre pour déterminer si la prescription est ou non acquise.

Les uns disent c'est la loi du lieu où la personne s'est réfugiée, qui doit être suivie. Pourquoi un Etat livrerait-il un individu alors que, d'après la loi propre de cet Etat, l'action ou la peine étant prescrites, aucune exécution n'est permise. Loi italienne, d'après Fiore, p. 307; loi belge de 1874, art. 7; loi néerlandaise de 1875, art. 5. Convent. Belgique et Pays-Bas, 16 janvier 1877, art. 2 § 3; Belgique et Angleterre, 20 mai 1876, art. 9; Belgique et Allemagne, 24 décembre 1874, art. 7; France avec Italie, 12 mai 1870; avec Belgique, 15 août 1874, art. 11; Bavière, 20 novembre 1869, art. 10; Espagne, 14 décembre 1877; Suisse, 9 juillet 1869. MM. C. Seruzier, Arntz, de Bar, Bluntschli, Goos, Hornung, d'Olivecrona, Saripolos.

Les autres disent, c'est la loi du requérant qui est applicable, puisque c'est lui auquel appartient l'exécution en conformité de cette loi. Goddyn et Mahiels, p. 143. Fiore, p. 512; Bernard p. 314 et 666; de Vazelhes, p. 54; Garraud, p. 552; Billot, p. 220. Weiss, *Etude sur la condit. de l'étranger*, p. 140. L. Renault, *Annuaire de l'Instit. de droit intern.*, 1882, p. 89, qui cite dans ce sens Gessner, de Holtzendorff, Martens, Neumann.

Enfin dans un troisième système, on n'admet la légalité de l'extradition, que si l'action ou la peine ne sont pas prescrites, à la fois d'après les législations du requérant et du requis. Projet français de 1878, art. 3 § 3.

Il m'a paru que c'était surtout aux lois de la puissance requérante qu'il fallait se reporter, et se reporter exclusivement. Quelle que soit la loi du pays requis, si la prescription est acquise d'après la législation du requérant, à quoi servira l'extradition. Voilà la France qui demandera une extradition pour un délit couvert par la prescription; la prescription ne couvre pas le fait d'après les lois du pays requis, qui consentira à l'extradition; l'extradé arrivé en France sera protégé par une prescription qui liera le juge d'office. Comment une pareille demande pourra-t-elle, je ne dis pas être jus-

tifiée, mais être simplement colorée. Donc la loi du requérant dans
tous les cas, si on veut agir sérieusement, devra être prise en considération.

Quant à l'étranger requis, on prétend qu'il ne peut violer sa
loi en livrant un individu que cette loi protège. Mais l'Etat requis
n'a pas à juger la personne qui est l'objet de l'extradition, ni le fait
qui lui est reproché ; mais à apprécier si à raison de ce fait l'individu doit être livré ; s'il est extradé il sera jugé par les tribunaux
du pays requérant, suivant les lois de ce pays, avec les défenses, les
exceptions et les pénalités qu'elles comportent. La prescription n'est
qu'une de ces défenses et exceptions, et ce ne peut être qu'au juge
du fait à apprécier, d'après sa loi, si elle est ou non acquise, non-
seulement parce que les délais sont ou non expirés, mais encore
parce que les actes accomplis n'ont pas un caractère suffisant pour
interrompre ou suspendre cette prescription.

Le projet de 1878 porte que l'extradition ne sera jamais ni demandée ni accordée, lorsque la peine sera prescrite antérieurement
à l'arrestation de l'individu réclamé. Cela peut être appliqué par
l'Etat requis chargé de l'arrestation, mais non à l'Etat requérant,
qui fait seul l'objet de cette première section, d'après nos propo-
sitions.

ARTICLE 8.

Référence. — Article 4 du projet de 1878.

Renvoi. — Les motifs à l'appui de cette disposition sont produits à l'occasion des articles suivants. Voyez encore l'exposé des
motifs, p. 13.

**Consentement de l'accusé à être jugé pour un nou-
veau fait.** — Ce consentement a été considéré bien des fois comme suffisant pour permettre à la justice de statuer sur ce nouveau

fait ; mais cela a paru présenter des difficultés en l'état de l'accord intervenu entre les deux gouvernements au sujet de l'extradition, il en est qui ont pensé qu'il ne pouvait être dérogé à cet accord par suite d'une manifestation de volonté de l'extradé seul. D'un autre côté, l'exposé des motifs de la loi de 1878, p. 13, porte : « La déclaration de « l'accusé consentant, sur l'interpellation d'un magistrat, à être « jugé sur de nouveaux chefs en se dépouillant ainsi des garanties « qui l'entouraient, pouvait ne pas sembler suffisamment libre, ou « tout au moins suffisamment éclairé. » *Sic* Avis du min. just. de France, dans l'affaire jugée par la Cour de Douai, le 15 février 1843 (Morin, *Journ. de droit crim.*, art. 3336); Faustin Hélie, *Instr. crim.*, t. 2, p. 720. Moulineau, Discours de rentrée; Discussion dans la session d'Oxford de l'Inst. de droit intern., *Annuaire* 1882, p. 125 ; la théorie allemande et divers traités de la France signés de 1869 a 1874.

Il faut toutefois constater que les autorités que l'on pourrait citer dans un sens inverse sont fort nombreuses, et je trouve M. L. Renault parmi elles. Quelques-uns sont même d'avis que ce consentement pourrait être valablement étendu à des délits politiques, parce que, par suite de son consentement, l'inculpé doit être considéré comme arrêté sur le territoire français.

Dans plusieurs traités on se contente du consentement de l'extradé : Convention de la France avec l'Espagne, 1850, art. 7 ; avec l'Angleterre, art. 4 ; la Bavière, 1869, art. 9 ; l'Italie, art. 9 ; la Suisse, art. 8 ; la Belgique, 1869 et 1874 ; l'Espagne, 1877, art. 10 ; le Pérou, art. 8 ; le Danemark, art. 3 § 2 ; entre la Belgique et les Pays-Bas, 16 janvier 1877, art. 5 ; il en est de même des conventions italiennes ; mais ces renonciations à des droits consentis dans des accords internationaux, ne me paraissent pouvoir figurer dans une loi intérieure qui les généraliserait d'une manière absolue; et il nous paraît plus sage de nous ranger à l'avis contraire.

ARTICLE 9.

Autorisations conditionnelles. — L'État requis peut n'accorder l'extradition que sous certaines conditions. Il appartient dans ce cas au gouvernement d'apprécier s'il lui convient ou non de s'y soumettre. S'il croit ne pas devoir les accepter, il doit renoncer à l'extradition ; s'il continue à la réclamer, il doit les observer.

Ainsi l'Angleterre livrant des chinois à leur gouvernement, stipule qu'ils ne pourront être soumis à la torture pendant l'instruction, ni par mesure pénale. La Chine doit se soumettre à ces conditions pour les extradés qui lui sont ainsi livrés.

Un État a aboli la peine de mort par ses lois pénales, la France réclame un réfugié justiciable des tribunaux français, à raison d'un fait puni de la peine de mort par l'État français. Si l'extradition n'est consentie qu'à la condition formelle que la personne livrée ne pourra être exécutée, il faut que la France renonce à l'exécution ou qu'elle s'engage à ce que l'exécution n'ait pas lieu, non en apportant une entrave au cours de la justice, telle qu'elle est organisée chez nous; mais du moins par voie de mesure gracieuse émanant du chef du pouvoir exécutif. C'est l'avis de M. P. Fiore, que son savant annotateur, M. Ch. Antoine, croit devoir combattre (p. 53) ; mais il me semble difficile de ne pas être de l'avis de M. Fiore, p. 681 et 725.

ARTICLE 10.

Concordance avec le projet de 1878. — L'article 9 reproduit le § 4 de l'article 6 et l'article 7 du projet de 1878. L'attribution de compétence aux tribunaux nous paraît devoir être renvoyée aux dispositions réglant la procédure.

ARTICLE 11.

Référence. — Art. 7 du projet de 1878.

Effet de la résidence volontaire de l'extradé sur le territoire français. — Le projet de loi de 1878 dispose que l'extradé qui a été élargi et est resté en liberté pendant un mois sur le territoire, pourra être poursuivi pour un fait quelconque antérieur à l'extradition autre que celui qui a motivé cette mesure. Cette restriction me paraît très juste, si l'extradé, jugé à raison du fait qui a motivé son extradition a été acquitté ou a été mis en liberté après avoir subi sa peine. Mais si comme le prévoit le projet de 1878 dans les articles suivants, il a été mis en liberté parce que l'extradition a été annullée comme intervenue contrairement aux dispositions de la loi, et que l'infraction à l'occasion de laquelle il avait été extradé, n'ait pas pu, à raison de ce, être jugée. Pourquoi, s'il reste volontairement sur le territoire français, où il sera considéré comme un résident ordinaire, ne pourra-t-il pas être jugé à raison de cette infraction, non comme extradé, mais comme résident volontaire? Cependant l'avis contraire a été soutenu par M. Albéric Rolin, *Annuaire de l'Inst. de droit intern.*, 1832, p. 125.

ARTICLES 12, 13, 14.

Référence. — Art. 1, projet de 1878.

Renvoi pour l'article 12, aux notes sous l'article 7; pour les articles 13 et 14, aux notes sous l'article 4.

ARTICLE 15.

Renvoi. — Voir les notes relatives à l'article 6.

Référence à la loi française. — Nous avons déjà indiqué
ailleurs pourquoi dans les demandes d'extradition formées par la
France, il y avait lieu de se référer, pour la désignation des faits
pouvant motiver cette demande, à la loi française. C'est la même
règle que nous proposons de suivre ici, en nous conformant au projet voté par le Sénat, qui ne fait aucune distinction, qu'il s'agisse
de requérir l'extradition ou de la consentir.

Des divers systèmes proposés, celui qui compte le plus d'adhé-
rents est, à tort ou à raison, celui qui exige que le fait motivant la
demande soit prévu et puni par la législation criminelle de l'Etat
requis. Stieglitz p. 66.; Bomboy et Gilbrin p. 58 ; Vazelhes p. 37,
etc. Si M. Bernard (p. 662) est d'avis que c'est à tort qu'on suit
cette règle, il constate qu'elle est généralement suivie. Or, ici l'Etat
requis c'est le France, et nous ne faisons que l'appliquer.

Il est vrai que par suite des conditions spéciales où peut se trouver un pays, certains faits peuvent avoir une gravité que ne leur
attribue pas la loi française. Ainsi M. Deloume (*Principes généraux de droit intern. en matière crim.* p. 156) fait remarquer
que la législation des Pays-Bas punit sévèrement le fait de porter
atteinte à la solidité des digues, qui peut amener les plus grands
malheurs dans ce pays; ce que ne prévoient pas nos lois ; mais ces
cas sont excessivement rares, et même celui que l'on cite n'échap-
perait pas aux prévisions de notre loi, puis qu'il est puni par l'article 437 de notre Code pénal de peines bien supérieures à celles
qui suffisent pour motiver l'extradition, d'après le projet adopté par
le Sénat, que l'on propose de consacrer.

Ces questions ont d'ailleurs plus d'intérêt théorique que pratique, les infractions sérieuses présentant, hélas! un caractère préjudiciable assez général pour être réprimées par toutes les législations des peuples civilisés.

Mais si nous voulons que la loi française soit seule appliquée, lorsqu'il s'agit pour la France de demander ou d'accorder une extradition, et que le gouvernement étranger ne puisse se prévaloir de ce que sa loi prévoit, en lui attribuant un caractère de gravité suffisant l'infraction, que la France ne punit pas ou qu'elle considère comme sans gravité. Il n'en est pas moins nécessaire que, quelle que soit la loi française, l'Etat étranger établisse que cette infraction est prévue par sa loi, et même à titre de délit suffisamment grave, d'après la peine édictée, pour justifier l'application de la loi française et motiver l'extradition; et à ce point de vue, mais dans ces conditions seulement, nous admettrons le système défendu par divers auteurs et forcément admis par les traités qui, contenant nécessairement des stipulations réciproques, exigent que le fait soit prévu avec un caractère de gravité suffisant par les deux législations.

ARTICLE 16.

Référence. — Article 3 du projet de 1878.

Nationaux. — Il est généralement admis qu'un Etat ne livre pas ses nationaux; il les considère comme justiciables de ses tribunaux seuls, et se borne à les mettre en jugement devant eux lorsqu'il y a lieu. Vattel, Le Sellyer, Trebutien, Ortolan, F. Hélie, Tittman, Wheaton, de Martens, Borsari, Pescatore, de Parrieu, Oppenheim, Mittermaier, Berner, Fœlix, Arntz, de Bar, Gessner, Goos, Prins. C. pén. autrichien art. 36; C. pén. allemand, disposit. prélim. § 9; loi belge, 15 mars 1874, art. 1. 8 et suiv.; loi des Pays-Bas du 6 avril 1875, art. 2 et 16; constitution badoise § 13 et 15; de Wurtemberg, art. 6; d'Oldembourg, art. 201; de

Brunswick, art. 506; de l'Italie, *Coutume du Brabant*; circ. min. just. de France, 5 avril 1841; projet de loi de 1878. La plupart des traités contiennent la consécration de cette défense.

Elle n'est pas inscrite dans d'autres; elle n'est pas admise comme règle immuable par la Grande-Bretagne et les Etats-Unis. Elle n'a pas été suivie par la France dans les décrets des 23 octobre 1811 et 23 décembre 1812, et dans des extraditions accordées par elle à la Suisse le 13 décembre 1820, et même vers 1867 (Morin, *Journ. de droit crim*, 1867, p. 227). Elle a été repoussée dans l'exposé des motifs de la loi française du 27 juillet 1866 (*Moniteur du 21 mars 1865*); par H. Kluit, *De deditione prof.*, p. 32; Cockburn, cité par Clarke, *The law of extr.*, p. 130; Kent, *Commentaries*, 1, p. 37; Jules Favre, Discussion de l'article 5 de la loi de 1865, *Moniteur* du 31 mai 1866, p. 656; Calvo, t. 1, p. 529; Bonafos, p. 70; Billot, p. 66; Villebrun, sur la loi du 27 juillet 1866 p. 110; Léwis, *On foreing juridict.*, p. 49; Buccellati, *Observ. sul projetto di Cod. pen. italiano*; Wheaton, *Conflict. of laws* § 954; Ch. Bocher, *Etude sur les conflits de jurid. en matière de droit pén.*, p. 44; Molineau, Discours de rentrée à la Cour d'Amiens; Dana sur Wheaton, note au § 120; Goddyn et Mahiels, p. 162; Garraud, *Droit intern.* p. 526; Scruzier, p. 13; Mareschal, p. 33; Fiore, 526; Ch. Antoine, p 32; Bernard. p. 98 et suiv.; Asser, Albéric Rolin, Clunet, Bluntschli, Brusa, Dubois, Holland, de Holtzendorf. Hornung, d'Olivecrona, Saripolos, Westlaké, L. Renault, Stieglitz, Bombo\ et Gilbrin, Bard, Durand. Rapport de la commission anglaise de 1878; Résolutions de l'Institut de droit intern. session d'Oxford.

Le principe qui veut que la justice territoriale soit respectée, et que là où a été commis le délit ou le crime aient lieu la poursuite et le jugement, devrait faire admettre l'extradition même d'un national, qui ayant abusé de l'hospitalité qu'il a reçue, doit être puni par les juges du territoire dont il a violé la loi; il y a donc lieu d'après moi de revenir sur l'exception faite en faveur des nationaux, la commission verra si elle doit prendre l'initiative de cette proposition.

Naturalisés. — Il ne faudrait pas en principe que la naturalisation pût couvrir des délits ou crimes antérieurs. Elle aura rarement ce résultat lorsqu'elle se produira à la suite d'une décision de l'autorité publique ; mais elle peut résulter d'une toute autre cause dépendante exclusivement du naturalisé, d'un mariage, par exemple, contracté par une femme ; aussi dans plusieurs documents il est admis qu'elle ne devrait point protéger contre des recherches pour crimes et délits antérieurs. Traités entre l'Italie et la Grande-Bretagne, art. 4 ; avec la Grèce, art. 6 ; avec le Brésil, art. 2 ; de la France avec la Grande-Bretagne, de 1876. C'est l'avis de Fiore, p. 556, Bomboy et Gilbrin, p. 44 ; Bard, p. 56 ; Bernard, p. 159 ; Billot, p. 74 ; Goddlyn et Mahiels, p. 167 ; L. Renault, de Bar, Neumann. C'est conforme aux résolutions arrêtées par l'Institut de droit international à Oxford, art. 7.

Lorsque le naturalisé a établi son domicile depuis un certain temps dans le pays sans être recherché, plusieurs traités ne permettent pas de l'extrader, alors même que le fait qui lui est imputé serait antérieur à sa naturalisation. Ce délai est fixé à cinq ans de domicile par les traités de l'Italie avec la Grèce, du 17 novembre 1877, et l'Angleterre, art. 4, et de la France avec le Danemark, de 1877 ; la Grande-Bretagne, de 1876.

Nationalité en suspens. — D'après nos lois, certaines personnes ont un délai pour opter pour la nationalité française ; tant que cette option n'a pas eu lieu, elles n'ont pas cette qualité et ne peuvent se prévaloir de l'exception. Mais cette situation exceptionnelle ne pouvait manquer d'être prise cependant en considération lorsqu'il s'agira de statuer sur l'extradition.

Assimilation. — Des législateurs ont assimilé les étrangers résidant sur le territoire dans certaines conditions, aux nationaux, au point de vue de l'extradition. Ainsi les individus domiciliés dans le pays depuis un certain temps : traité entre la France et le Dane-

mark de 1877, art. 3. L'assimilation se trouve parfois commandée
par les lois intérieures, comme cela se produit dans les Pays-Bas,
par suite des dispositions de l'article 8 du Code civil néerlandais.
L. 13 août 1849, art. 19; mais depuis il en a été disposé autrement par la loi du 6 avril 1875, art. 22. Elle est inscrite dans les
traités entre la France et Lubeck, du 31 août 1847, art. 1, et
les deux Mecklembourg, 26 janvier et 10 février 1867, art. 1;
l'Oldembourg, 6 mars 1847, art. 1.

**Agglomérations d'individus sur des territoires fran-
çais et pays de protectorat.** — Dans certaines parties de nos
possessions et par suite d'élargissement des frontières, des agglomérations d'individus, tributs, peuplades, etc se trouvent sur notre
territoire. Nous avons aussi des pays soumis à notre protectorat, où
la situation des habitants est plus ou moins bien définie. Il sera
peut-être utile d'indiquer que l'exception en faveur des Français,
si elle est maintenue, n'est applicable qu'aux personnes qui, d'après
nos lois et nos institutions, peuvent régulièrement s'en prévaloir.

Sujets de puissance tierce. — Cet article est le corrélatif
de l'article 4. Puisque la loi actuelle a pour but de déterminer les
règles à suivre dans les affaires d'extradition, il paraîtra probable-
ment utile de fixer comment il doit être procédé lorsque la demande
adressée à la France est dirigée contre une personne de nationalité
tierce, et d'affirmer dans ce cas, d'après les motifs qui ont été don-
nés sous l'article 4, la complète liberté réservée au ministre pour
apprécier, en dehors des cas où les traités en auraient disposé autrement, soit s'il y a lieu ou non de faire une communication à ce
sujet à l'État tiers, soit la suite à donner aux observations et demandes qui lui seraient adressées.

L'indication de la demande que pourrait formuler la puissance
tierce est mentionnée, par ce que non contente de présenter des
observations, cette puissance pourra elle-même dans certaines circonstances, réclamer que la personne dont s'agit lui soit livrée pour

exercer elle-même des poursuites, ces demandes sont assez rares et plus rarement encore il y sera fait droit ; la justice devant suivre son cours normalement sur le territoire où le fait criminel a été commis. Toutefois il nous paraît nécessaire d'affirmer dans ce cas la libre appréciation du gouvernement requis, dont les considérations les plus diverses et les circonstances les plus imprévues peuvent motiver la décision.

Présence involontaire sur le territoire français. — Des auteurs ont soutenu que l'État requis ne devrait pas livrer un étranger qui ne se trouverait sur son territoire, que, en dehors de sa volonté, et par suite d'un cas de force majeure, un naufrage par exemple, et ils reproduisent l'arrêté des consuls de France de l'an VIII, portant qu'il est « hors du droit des nations policées de profiter de « l'accident d'un naufrage pour livrer, même au courroux des lois, « des malheureux échappés aux flots. » Ils se prévalent également du commentaire qui suit ordinairement l'article 7 du Code d'instruction criminelle, modifié par la loi du 27 juin 1866.

Cette distinction ne paraît pas avoir été faite par le projet de 1878, qui permet de livrer tout étranger qui serait *trouvé* sur le territoire. Et c'est la même rédaction que je rencontre dans divers actes, notamment dans le traité de 1855 entre les États-Unis et la Suisse. Elle est repoussée par les auteurs : Billot, p. 63 ; Antoine sur Fiore, p. 72 ; Bernard, t. 2, p. 97 ; Bomboy et Gilbrin, p. 24. Je ne crois pas nécessaire de la sanctionner, d'autant plus que, en fait, ce ne serait ordinairement que sans utilité pratique, en l'état des conditions dans lesquelles doit être généralement suivie une demande d'extradition.

ARTICLE 17.

Référence. — Art. 3 du projet de 1878.

Renvoi. — Voyez les notes sous l'article 7.

Cas où l'Etat requérant et l'Etat requis sont également compétents. — Lorsque les tribunaux français sont compétents pour statuer sur une affaire, en règle générale, ils doivent en connaître, et si les autorités compétentes ne croient pas devoir provoquer des poursuites, il ne paraît pas qu'il y ait lieu de faciliter celles qui pourraient être entreprises dans un autre pays. Cependant si les tribunaux étrangers sont également compétents, bien que des poursuites n'aient pas été intentées en France, il est possible que les raisons qui ont motivé cette détermination n'existent pas pour la justice étrangère; elle peut y avoir plus d'intérêt, et il ne serait pas juste d'entraver dans tous les cas fatalement cet exercice; dès lors, en pareil cas, le gouvernement français, lorsque la poursuite n'a pas lieu en France, doit pouvoir être autorisé à accorder l'extradition. Cela se produira notamment lorsque le fait incriminé bien que justiciable, d'après nos lois, des tribunaux français, se sera produit à l'étranger ; alors que la justice territoriale était également compétente. La loi anglaise de 1870, art. 6, autorise le gouvernement anglais à livrer le malfaiteur qui s'est réfugié sur son territoire, alors même qu'un tribunal de S. M. britannique serait compétent concurremment avec les tribunaux de l'Etat étranger. Cela peut se présenter dans certains des cas prévus par l'article 7 du Code d'instruction criminelle français, et à tout autre point de vue, à l'occasion des faits de piraterie, par exemple.

Prescription. — En ce qui concerne la prescription, nous persistons à penser, comme nous l'avons indiqué ci-dessus, que c'est à la loi du requérant qu'il faut recourir pour en déterminer les conditions et les effets. La loi du pays requis ne peut réglementer de pareilles exceptions, ni apprécier si, d'après les circonstances de fait et de procédure qui lui sont inconnues, la prescription est acquise et n'a été ni suspendue, ni interrompue.

Esclaves. — La demande d'extradition formée contre un esclave qui se trouve, par suite d'un fait quelconque, sur le territoire français, se saurait être accueillie.

Mais si cet individu, sur la terre où il était tenu en esclavage, avant de fuir, a commis un crime ou un délit de droit commun, prévu et puni par le Code pénal français, son extradition, lorsqu'elle sera demandée à raison de ce fait, pourra-t-elle être refusée? Notez que nous supposons qu'elle est demandée par un pays esclavagiste, sinon la question ne se poserait pas, puisque le prévenu, tenu par l'Etat requérant et l'Etat requis comme homme libre, serait sous l'empire du droit commun. S'il est réclamé, étant esclave, par un pays esclavagiste, bien que la demande sur laquelle se fonde le requérant soit formée à raison d'une infraction de droit commun, comme, dans ces conditions, on ne peut livrer le criminel sans livrer l'esclave, il faudra refuser l'extradition. C'est ce que l'Angleterre fit après 1844, à la suite des incidents auxquels donna lieu le naufrage de la *Créole*, portant un chargement d'esclaves. Notons toutefois que sa résolution a été critiquée par MM. Wheaton et de Cussy.

Diverses conventions conclues entre les Etats de l'Amérique du Sud, sans intérêt pour nous, admettaient l'extradition des esclaves fugitifs en dehors de tout autre fait reprochable; nos colonies des Antilles furent admises autrefois à poursuivre le retour des nègres-marrons.

Demande contraire à l'ordre public en France. — Il me paraît inutile de mentionner que les demandes qui ne pourraient être accueillies qu'à la suite d'une violation des principes d'ordre public en vigueur d'après nos lois ne pourraient être accueillies. Ce qui reviendrait à dire qu'en ces matières comme partout, nos institutions et nos lois doivent être respectées. J'ai cru toutefois mentionner le cas où un esclave serait réclamé pour une infraction de droit commun prévu par la loi, puisque dans ce cas je pense que cette demande, acceptable en principe, devrait être repoussée en l'état de la condition de l'extradé, si elle était formée par un gouvernement admettant l'esclavage. Je crois qu'il est nécessaire de prévoir aussi le cas où les pratiques de l'Etat requérant, quelle que fut la cause de l'extradition, pourraient y mettre obstacle ou donner lieu à de justes préoccupations. C'est l'objet de l'article 18. J'ai trouvé dans la convention du 18 mars 1878, art. 4, entre l'Italie et le Portugal, une disposition de même nature.

ARTICLE 18.

Etat dont les mesures d'instruction ne sont pas conformes aux règles admises par les pays civilisés. — Le traité entre l'Angleterre et la Chine porte que les Chinois réfugiés sur un territoire ou navire anglais, ne seront livrés, lorsqu'ils seront réclamés par leur gouvernement pour crime ou délit, que tout autant que le gouvernement renoncera à user des modes de torture que les lois anglaises ne permettent pas d'employer.

ARTICLE 19.

Pluralité des demandes. — Les uns veulent que, à défaut de stipulations contraires dans les traités, en cas de concours de plusieurs demandes, la préférence soit assurée à l'Etat dont la demande est la plus ancienne. Convention France-Angleterre, 8 avril

1876, art. 12 ; Belgique-Angleterre, 20 mai 1878, art. 10 ; Belgique-Brésil, 21 juin 1873, art. 8 ; Italie et Brésil, art. 8 ; et Danemark art. 3 ; et Grande-Bretagne, art. 15 ; et Portugal, article 10 ; avec Monaco, Espagne, Suisse, art. 6.

D'autres préfèrent la juridiction territoriale. Conv. Belgique-Bays-Bas, 16 janvier 1877, art. 2 § 1 ; Bernard, t. 2, p. 142 et suiv. et 665 ; Stieglitz, p. 148 ; Institut de droit international, session d'Oxford, art. 9.

Ceux-ci pensent qu'il faut aussi s'attacher à la gravité des faits. Traité entre la Belgique et la Suède et Norwège, 31 mai 1870, art. 10 ; Italie et France, art 8, § 2 ; Italie et Grèce, art. 14 ; France et Bavière, art. 8 § 2 ; France et Suisse, art. 7 § 2. Stieglitz, p. 140 ; Fiore, p. 657 ; Institut de droit international, art. 10.

Mais après avoir relevé ces motifs de préférence, le plus grand nombre déclare qu'en cas de concours de demandes, il faut s'en rapporter à l'appréciation arbitraire du pays requis, et que si des motifs de décision peuvent être indiqués, ce n'est qu'à titre de conseil et jamais d'obligation. Traité entre l'Italie et Saint-Marin, article 14 § 2. Bernard, p. 665 ; Billot, p. 231 ; Fiore, p. 571 ; de Vazelhes, p. 61 ; c'est ce que nous proposons d'admettre.

ARTICLE 20.

Référence. — Cet article est la copie littérale de l'article 9 du projet de 1878. Le principe qu'il consacre est admis par la loi italienne. P. Fiore, p. 307, et le traité entre la Belgique et les Pays-Bas, du 16 janvier 1877, art. 6, prévoyant le cas où l'extradé, mis en liberté, est resté volontairement sur le territoire, admet aussi qu'il pourra être livré sans en référer au gouvernement qui l'avait livré.

Consentement du gouvernement primitivement requis. — Doit être obtenu, puisque l'extradition n'a été consentie qu'en faveur de la France et à raison d'un fait déterminé, autre que celui que la puissance tierce veut poursuivre. Dans les résolutions adoptées par l'Institut de droit international à Oxford, l'article 24 est ainsi conçu : « Le gouvernement qui a un individu en son pouvoir « en suite d'une extradition, ne peut le livrer à un autre gouver- « nement, sans le consentement de celui qui le lui a livré. »

On a soutenu que la réextradition à une puissance tierce pouvait être consentie par le gouvernement auquel a été livré l'extradé, sans le consentement du gouvernement primitivement requis, si l'extradé y acquiesçait. C'est l'avis de Bomboy et Gilbrin, p. 144, et il paraît conforme à l'article 6 du traité entre la Belgique et les Pays-Bas, du 16 janvier 1877. Mais plusieurs pays et notamment l'Allemagne ne reconnaissent pas à l'extradé le droit de renoncer aux garanties de l'acte d'extradition, et cela nous paraît méconnaître les conditions dans lesquelles il est intervenu. Si la personne poursuivie peut renoncer aux formalités à accomplir lorsque la procédure régulière a été acceptée et suivie, il n'est pas possible de ne plus tenir compte de l'acte qui la sanctionne. Le principe admis dans cet article est celui qui est consacré par l'article 22, conformément à l'article 9 du projet voté par le Sénat.

ARTICLE 21.

Référence. — Article 4 du projet de 1878.

Faits non prévus lors de l'extradition. — D'après la plupart des auteurs et la pratique internationale, ne peuvent donner lieu à des poursuites ni à un jugement. Cela est dit dans presque tous les traités et dans les lois intérieures. Traité franco-belge, 15 août 1874 ; entre la Belgique et les Pays-Bas ; 16 janvier 1877, art. 5, etc. etc. Loi anglaise de 1870, art. 3 §§ 2 et 19 ; loi néerlandaise, art. 7 ; loi bavaroise, du 16 mai 1868 ; circ. minist. just.

franç., 5 avril 1841 et 30 juillet 1872 ; Cour de cassation française, 24 mai 1847, 3 décembre 1866 ; 16 juillet 1867 ; 14 mars et 25 septembre 1873 ; assises d'Oran, 17 avril 1861 ; de la Vienne, 3 décembre 1866 ; Billot, F. Hélie, Legraverend, Trebutien, Bertauld, Le Sellyer, Morin, Fœlix et Demangeat, Ducrocq, de Vazelhes, Ch. Antoine ; Institut de droit international, session d'Oxford, articles 22 et 23. P. Fiore, p. 684, désirerait que l'extradé, quel que soit le motif de l'extradition, une fois livré aux tribunaux, pût être jugé sur tous les chefs d'accusation qui pourraient être dirigés contre lui ; mais il reconnaît que cela n'est pas admis. Et en effet, s'il est vrai que la règle acceptée peut présenter des inconvénients même pour l'extradé, dont la comparution devant les tribunaux peut être ainsi plus ou moins multipliée, comme le fait remarquer Ducrocq, *Théorie de l'extrad.*, p. 21, en examinant une autre difficulté, faut-il bien reconnaître que le gouvernement, auquel une personne n'est livrée qu'en raison du fait déterminé sur lequel est fondée l'extradition, c'est-à-dire avec un effet précis et limité, n'est point habilité à exercer de plus amples poursuites.

Cela a été établi tout dernièrement encore dans un rapport très substantiel présenté à l'Institut de droit international par M. le professeur H. Lammasch, après une enquête conforme. *Revue de droit int.* 1890, confirmant les résolutions arrêtées à Oxford par l'Institut de droit international.

La réserve ne s'applique, d'après le texte de la plupart des traités, qu'aux faits non prévus par l'extradition et antérieurs à cet acte, et non aux faits postérieurs.

Modification de la qualification au cours des débats. — Lorsque la demande d'extradition est formée au début d'une poursuite, les circonstances de fait que l'instruction peut le plus souvent seule faire connaître, peuvent faire donner aux faits une qualification que l'instruction et les débats pourront modifier plus tard ; quels effets auront ces modifications au point de vue de l'extradition ? Si le fait a été bien indiqué et nettement précisé lors de la demande, et que ce soit bien celui qui est soumis à la justice, quelles que soient les circonstances accessoires que l'instruction lui ait attaché ou en ait détaché, l'extradition ne saurait manquer de produire son effet, puisqu'on peut continuer à la considérer comme librement consentie, C. Cass. 2 février 1845, 31 mai 1877, 23 novembre 1880 ; *sic* Bard. A moins que le fait, dépouillé de ses circonstances aggravantes, se réduisit en une contravention de nature à ne pouvoir légitimer l'extradition, Billot, p. 346.

Il doit en être ici comme devant la Cour d'assises, où malgré les qualifications portées en l'acte d'accusation, si des débats il résulte des circonstances aggravantes nouvelles, le président doit solliciter une réponse du jury. Si au contraire le fait change complètement de caractère, et surtout s'il n'est pas de nature à légitimer une extradition, les tribunaux devront se dessaisir.

La convention franco-italienne du 12 mai 1870, porte, article 9 : « l'extradition ne pourra avoir lieu que pour la poursuite ou la punition des crimes ou délits prévus à l'article 2 ; toutefois elle autorise l'examen et par suite la répression des délits poursuivis en même temps comme connexes au fait incriminé et constituant soit une circonstance aggravante, soit une dégénérescence de l'accusation principale. »

ARTICLE 23.

Instruction préalable à la transmission de la demande au ministre. — En Italie la demande d'extradition est provoquée par l'autorité judiciaire ; mais il ne suffit pas que la demande du juge d'instruction ou du parquet soit transmise au ministre par la voie hiérarchique, avec les avis que cette transmission comporte. Le juge d'instruction doit faire investir la Cour, chambre des mises en accusation, qui adresse la demande et les pièces à l'appui, s'il y échet, au ministre de la justice, par l'intermédiaire du procureur général ; art. 853 du Code italien.

Le gouvernement peut agir d'office, sans y être provoqué par l'autorité judiciaire; même article.

Il peut, avant de donner suite à la demande d'extradition, consulter le Conseil d'Etat, qui doit alors donner son avis. Loi italienne du 20 mars 1865, art. 7.

ARTICLE 24.

Référence. — Article 10 du projet de 1878.

Pièces à fournir. — Les pièces essentielles à joindre aux demandes d'extradition sont d'après les traités et suivant l'état de la procédure, les mandats d'arrêts, actes de mise en prévention ou en accusation, jugements ou arrêts de condamnation. Loi belge de 1874 art. 3 ; projet de 1878, art. 7.

Pour les inculpés en particulier, le mandat d'arrêt a été considéré comme suffisant pour provoquer l'extradition. Loi belge 1874, article 3 ; loi néerlandaise de 1875, art. 11 ; loi canadienne, 28 avril 1877, art. 11 ; acte des Etats-Unis du 12 août 1848, art. 2. Traité de la France avec la Belgique de 1874, art. 5 ; la Suisse 1869, article 6 ; l'Italie 1870, art. 7 ; l'Espagne 1877, art. 5 ; les Pays-Bas 1860, art. 1. La plupart des traités de l'Italie, notamment ceux avec l'Angleterre, le Portugal, la Russie, l'Uruguay. Circulaire minist. belge, 30 juillet 1875 ; déclaration entre la Belgique et l'Italie, 6 novembre 1874 ; avis du Sénat lors de la discussion du projet de 1878 ; mais bien que cela soit généralement admis, il y a des dissidents qui ne veulent pas s'en tenir là. Traité entre Malte et l'Italie, 3 mars et 3 mai 1863 ; ord. du gouvern. de Malte du 21 février 1863.

Renseignements à donner pour s'assurer de l'identité. — Ont une importance capitale en ces matières, et leur production est formellement imposée par divers actes. Convention franco-anglaise du 14 août 1876, art. 6.

Parmi les renseignements à fournir pour constater l'identité, on a mis en première ligne les signalements. Traité de la France avec la Toscane de 1844 ; Espagne, 1850 ; Autriche, 1855 ; Parme, 1856 ; Suède et Norwège, 1869 ; Bavière 1869 ; Suisse, 1870 ; Italie, 1870 ; Angleterre, 1876 ; Danemark, 1877 ; Espagne, 1877; et, s'il est possible, des photographies. Si les renseignement fourni à ce sujet ne sont pas suffisants, ce n'est pas une raison pour ne pas suivre sur la demande ; avis doit en être donné de gouvernement à gouvernement, pour qu'ils soient complétés. Convention franco-anglaise du 4 août 1876, art. 6.

La nationalité, doit être indiquée avec les renseignements nécessaires pour la constater, si elle est contestée. Stieglitz.

Indication de la loi pénale applicable. — Traité de la France avec l'Autriche, art. 5 ; avec Bade, 4 ; le Chili, 3 ; l'Espagne, 3 ; La Hesse, 5 ; Lippe, 5 ; Nouvelle-Grenade, 3 ; Portugal, 5 ; Prusse, 4 ; Saxe royale, 5 ; Pérou, 3 ; Suède, 5 ; Waldeck, 5 ; Wurtemberg, 5. La même prescription se retrouve dans la plupart des traités passés par l'Italie avec divers Etats. Divers actes ne se bornent pas à exiger l'indication de l'article de loi applicable, ils exigent que copie certifiée soit jointe : tels sont les traités entre la France et la Belgique, la Bavière, le Danemark, l'Espagne, Monaco, l'Italie et la Suisse ; et les traités de l'Italie avec la Belgique, le Luxembourg, le Brésil, les Etats-Unis, le Portugal. Projet de 1878, art. 7 § dernier.

Justifications exceptionnelles. — Il est des Etats qui, en dehors des justifications réclamées habituellement, ont des exigences exceptionnelles et qui ne donnent suite à une demande d'extradition, que lorsque les pièces les constatant leur sont communiquées. A moins de renoncer à obtenir des extraditions de leur part, faut-il bien que la loi sanctionne ces prétentions, en obligeant ceux qui sont chargés de composer les dossiers à les fournir.

Ainsi l'Angleterre exige la communication de certaines pièces de l'instruction, et spécialement de dépositions de témoins reçues sous la foi du serment. Traité avec la France du 14 août 1876, art. 7 ; de même les Etats-unis, traité avec l'Italie, 23 mars 1868 ; le Mexique, traité avec l'Italie, du 17 décembre 1870.

Justification de la prévention. — Dans certains Etats on exige que la poursuite soit suffisamment justifiée, sinon prouvée : ordonnance du gouvernement de Malte, du 21 février 1863 ; loi anglaise de 1870, des Etats-Unis des 12 août 1848, 19 juin 1876 ; traité de com. entre l'Italie et l'Uruguay, 7 mai 1866, art. 28, et avec les Etats-Unis, du 23 mars 1858, art. 1 ; avec l'Angleterre, du 5 février 1873. MM. Westlake, Prins, Pierantoni, *Annuaire de l'Institut de droit international*, 1882, p. 124. C'est là une prétention si vague et qui manque tellement de précision, qu'il est impossible de prévoir et de déterminer comment il y sera satisfait.

L'Etat requis sort de son rôle s'il examine et veut juger au fond le bien fondé de l'accusation ; cependant on comprend qu'il répugne de livrer un individu poursuivi, alors que l'inculpation n'est point colorée ; mais comme en principe, d'après MM. L. Renault, Rolin, Jaquemyns, Bregeault et Billot : « l'examen doit avoir pour objet les conditions générales de l'extradition et non la vraisemblance de l'accusation ; » un gouvernement est en droit de résister lorsqu'on lui demande de produire des justifications trop directes de cette accusation, et si cette résistance provoque un refus d'extradition, il faudra bien la subir, mais en y relevant une violation des devoirs internationaux. Trib. fédéral suisse, 2 août 1875, 16 mars 1877 ; C. Seruzier, p. 30.

Nécessité de ne pas retarder l'envoi des pièces. — Les instructions du ministre de la justice de France ont recommandé plusieurs fois aux magistrats de transmettre des dossiers complets et de ne pas retarder l'envoi des pièces. L'extradition, en cas d'insuffisance de ces pièces, peut être refusée, et si elles arrivent en retard, l'individu provisoirement arrêté, peut à ce moment avoir été

mis ôn liberté et avoir disparu. Circ. min. just. 30 décembre 1878.
C'est une raison de plus pour que la loi elle-même fasse un devoir
aux magistrats de les produire exactement et régulièrement.

ARTICLE 25

Communication diplomatique. — Il nous paraît que ce
n'est pas le cas d'indiquer ici dans ses détails la filière qui est
suivie. Ces indications sont du domaine des instructions et circulaires et non de la loi. Il a bien été dit plus haut d'une manière générale, que les demandes d'extradition sont faites et suivies par la
voie diplomatique ; mais cela doit-il empêcher de noter, toutes les
fois que cela est nécessaire, dans le cours des opérations, la nécessité de recourir à cette voie. Cela paraît d'autant plus utile que le
ministre de la justice, à toutes les époques, a été obligé de réagir
contre la pratique contraire qui s'est enracinée au moins dans les
départements frontières, et que personnellement, je suis obligé de
le reconnaître, j'ai largement appliqué dans un temps il est vrai fort
éloigné. Circ. de 1810, 30 juillet 1872, 30 décembre 1878.

L'emploi de la voie diplomatique n'empêche pas d'ailleurs de
profiter des divers moyens de communication d'une rapidité exceptionnelle.

ARTICLE 26

Référence. — Cet article au fond n'est que la reproduction de
la disposition de l'article 19 du projet voté par le Sénat. Il nous a
paru utile, en consacrant une mesure considérée comme très légitime en droit international, de prévoir le cas où le pays requis ne
voudrait pas l'appliquer, et de prévenir dans ce cas des démarches
qui resteraient sans résultat et pourraient donner lieu à des frois-
sements fâcheux.

Qu'on me permette de faire remarquer, à l'occasion de cet article que le projet de 1878 charge le procureur de la République du soin d'assurer l'arrestation sollicitée en France, alors que dans les autres articles, en matière d'extradition, c'est à l'autorité administrative que ce soin est confié.

Je pense qu'en l'état des différences dans l'organisation intérieure des divers pays, il vaut mieux employer une formule générale pour désigner l'autorité étrangère invitée à faire exécuter l'arrestation provisoire, que de désigner exclusivement l'autorité judiciaire.

D'après le traité entre la Belgique et Hambourg, on peut s'adresser à l'autorité administrative ou à l'autorité judiciaire.

En Angleterre, il faut s'adresser à l'autorité judiciaire : traité avec la Belgique du 20 mai 1876, art. 4. Il en est de même en exécution du traité entre la Belgique et les Pays-Bas, 16 janvier 1877, art. 20.

Action directe en cas d'urgence pour requérir une arrestation provisoire. — Est généralement admise, comme indispensable dans certains cas, pour s'assurer de la personne d'un malfaiteur.

L'Angleterre répugnait à recevoir ces communications directes, et le garde des sceaux avait recommandé de ne point lui en adresser. Circ. 30 décembre 1874 ; mais depuis ce pays s'est départi de cette rigueur.

L'action directe est sanctionnée, dans le cas dont s'agit, par la loi belge de 1874, art. 5 ; la loi néerlandaise du 13 août 1849, article 18 ; les traités entre la Belgique et l'Allemagne, 24 décembre 1854 art 9, et les Pays-Bas ; 16 janvier 1877, art. 9 et 10. La convention franco-italienne du 15 janvier 1875 ; déclaration austro-italienne, 22 juillet 1872 ; elle est tolérée entre la Belgique et la France. Circ. du min. just. fr. 24 février 1873, 14 avril 1875, 9 octobre 1876, etc.

Modes de transmission. — On admet dans ce cas l'emploi de tous les moyens de communication, et notamment la poste ou le télégraphe. Convention franco-belge, 19 avril 1869, art. 6 § 2 ; circulaire du min. de la just. de Fr. 30 juillet 1872 ; intérieur de Fr. 2 avril 1885 ; lettre du min. belge, 30 juillet 1875 ; Fiore, Ch. Antoine, Stieglitz, Bomboy et Gilbrin, Goddyn et Mahiels, Billot.

Caractère obligatoire ou facultatif de l'arrestation. — L'Etat étranger qui reçoit une communication de cette nature, est-il tenu d'y déférer, ou a-t-il la faculté de refuser? S'il s'agit de communication par la voie diplomatique, la plupart des traités lui font une obligation d'y donner suite. Traités de le France avec la Belgique, 1834, les deux Meklembourg, 1847, et autres Etats allemands ; d'autres, conclus de 1854 à 1868, laissent au gouvernement requis sa liberté d'action. Dans les traités postérieurs à 1868, cette disposition a un caractère tantôt facultatif et tantôt obligatoire. Sous l'empire de ces divers traités, c'est la loi qu'ils créent qui doit être suivie.

Quand aux communications directes des autorités judiciaires ou administratives entre elles, on s'accorde à ne leur attribuer aucun caractère obligatoire. Convention de la France avec l'Autriche de 1869 ; avec Bade, 1868 ; la Bavière, 1869 ; l'Italie, 1870 ; le Luxembourg, 12 septembre 1875 ; l'Oldembourg, 1868 ; la Suisse, 1869.

Pièces à transmettre. — Se bornent à celles qui servent de base à l'arrestation : mandat d'arrêt, ordonnance de mise en prévention, arrêt de mise en accusation ou jugement de condamnation, sauf à compléter l'envoi du dossier par l'intermédiaire du ministre.

L'arrestation provisoire pourra même être provoquée et effectuée en se bornant à transmettre par le télégramme l'avis de l'existence d'un mandat d'arrêt au ministre des affaires étrangères du pays où l'inculpé se sera réfugié, ou à une autorité judiciaire ou administrative de l'un des Etats ; convention de la France avec l'Autriche, et divers Etats allemands, l'Italie, la Suisse, la Belgique ; dans les traités du 24 décembre 1874, art. 9, entre la Belgique et l'Allemagne, et du 16 janvier 1877, art. 9 et suiv. P. Fiore, Goddyn et Mahiels, Stieglitz.

Il ne faut pas oublier que le dossier complet doit être ensuite transmis par la voie normale, et que s'il ne parvient pas dans un délai déterminé, comme nous aurons occasion de le noter pour les extraditions demandées à la France, l'individu arrêté provisoirement devra être mis en liberté.

Avis à donner au ministre. — Les magistrats français qui, dans un cas d'urgence et pour solliciter des mesures provisoires, se mettent en relation avec des autorités étrangères, doivent en donner avis au garde des sceaux, et c'est à lui qu'ils doivent transmettre les pièces qui doivent parvenir aux gouvernements étrangers. Circ. just. franc. 30 juillet 1872, 30 décembre 1878.

ARTICLE 27.

Conduite de l'extradé. — L'arrestation de l'individu dont l'extradition est demandée est parfois faite avec le concours plus ou moins direct d'agents de la puissance requérante qui président ou coopèrent à son transfert, soit sur le pays requis, soit sur les territoires tiers où le transfert s'opère. La loi française n'a point à réglementer des mesures de police prises sur un territoire étranger. La pratique tend de plus en plus à charger les agents des territoires où les opérations ont lieu, du soin de les exécuter, les anciens usages contraires ne se justifient pas en théorie et, en fait, présentent de nombreux inconvénients.

Remise à l'autorité administrative. — Je comprends que des difficultés puissent surgir lorsqu'il s'agira de déterminer quelle sera l'autorité qui devra exécuter en France une demande d'extradition adressée à la France par un gouvernement étranger et autorisée par le gouvernement français ; mais lorsqu'il s'agit d'un individu livré à la France par suite de l'initiative prise par l'autorité judiciaire, et que cet individu arrive sur le territoire, qu'a à faire l'autorité administrative et pourquoi l'extradé à ce moment serait-il, sur ce territoire, dans d'autres conditions que tout autre personne poursuivie par les autorités judiciaires. Cependant le ministre de la justice, dans sa circulaire du 5 avril 1841, veut que l'extradé soit remis dans ce cas à l'autorité administrative, en ajoutant : « qui le mettra aussi promptement que possible à la disposition de l'autorité judiciaire, c'est-à-dire du procureur général, qui pourvoit à son transport, s'il doit être jugé dans un autre ressort », pourquoi ne pas faire la remise directement à l'autorité judiciaire, dès que l'extradé arrive sur le territoire français, quelles que soient les mesures prises et les agents ou intermédiaires employés pour l'y amener.

ARTICLE 28.

Référence. — Art. 21 du projet de 1878.

Transit sur un territoire tiers. — Le consentement de l'État dont le territoire se trouve entre les territoires du gouvernement requérant et du gouvernement requis, pour que le transfert de l'extradé puisse s'opérer, est admis par le droit conventionnel. Traités de la Belgique avec l'Allemagne, Bade, la Suisse, l'Espagne, la Suède, l'Italie, etc. ; entre la France et la Suisse, l'Italie, la Bavière, l'Espagne, le Danemark. Nous verrons plus tard à quelles conditions la France peut l'autoriser ; il suffit de dire ici, que lorsqu'elle en réclame le bénéfice, elle devra en former la demande par l'intermédiaire du ministre, en se soumettant aux justifications exigées par l'Etat auquel on s'adresse, et, en cas de refus, à reconnaître pour le ministre le droit de recourir à une autre voie pour assurer le transfert.

ARTICLE 29.

Obligation pour les capitaines de navires de transporter les extradés. — Cette disposition est empruntée à l'article 80 de la loi du 28 mai 1836 sur la poursuite des délits commis par les français au levant. Toutefois l'amende fixée par cet article de 500 à 2000 fr. paraît pouvoir être réduite. Il faut désigner pour la prononcer un tribunal autre que le tribunal consulaire, qui ne fonctionne que dans les pays hors de chrétienté. La disposition similaire de la loi sarde, édicte, pour ce cas, une amende dont le maximum est de 1000 fr. et une suspension de commandement pour le capitaine du navire de trois mois à un an. La loi belge de 1851, article 138, une amende de 50 à 500 fr. et une suspension de commandement facultative de trois mois à un an.

ARTICLE 30.

Situation juridique de l'extradé. — L'extradition ne confère à celui qui en est l'objet aucun droit, comme elle ne le prive pas de ceux qui lui appartiennent. Elle est sans influence sur sa situation juridique. Stieglitz ; Ducrocq.

Caractère général de l'instruction. — Il ne faudrait pas donner à cette disposition une portée trop restreinte. L'individu extradé ne pourra être jugé en France que à raison du fait qui a été signalé dans la demande d'extradition, et c'est ainsi qu'il doit être

entendu. Mais l'instruction peut porter sur l'ensemble des infractions qui pourront lui être reprochées, prévues ou non dans la
demande ; l'ensemble de ces faits pourra être l'objet des décisions
que cette instruction comporte ; mais lorsqu'on arrivera devant le
juge appelé à déclarer la culpabilité et à appliquer la peine, le fait
seul prévu dans l'extradition sera jugé contradictoirement, alors
qu'il ne pourra être statué que par défaut sur les autres. Bomboy et
Gilbrin, p. 124 et suiv.

Et quel que soit l'objet des notifications qui doivent être faites à
l'extradé, elles seront faites à sa personne. Le considérer comme
résidant encore au lieu où il a été arrêté à l'étranger, et procéder
comme la loi l'exige en pareil cas, serait un abus excessif des fic-
tions, qui doit d'autant plus être évité, qu'il serait le plus souvent
fort préjudiciable à l'extradé, tenu ainsi dans l'ignorance des actes
dirigés contre lui. C. Cass. 9 février 1883.

ARTICLE 34.

Référence. — Les §§ 1 et 2 de cet article reproduisent les articles 5 et 6 du projet voté par le Sénat. Le § 3, au contraire, n'y
figure pas.

**Discussion de l'acte d'extradition et des actes accom-
plis à l'étranger.** — L'extradé pourra toujours, devant les tribunaux français, exciper des inobservations de la loi française, sinon à
quoi servirait la loi. Mais est-ce à dire qu'on pourra également
porter devant cette juridiction les irrégularités que l'on prétendrait
relever pour inobservation des lois étrangères. En l'état de la controverse qui s'est élevée à ce sujet, il me paraît que la négative doit
être nettement affirmée.

Ainsi si l'on peut discuter les conséquences, en France, de l'acte
d'extradition, on ne pourra pas mettre en discussion cet acte lui-
même, parce que c'est un acte de souveraineté d'une puissance

étrangère, que les tribunaux français ont d'autant moins le droit de contrôler que, outre son extranéité, son caractère même le soustrait à ce contrôle.

Il en sera de même de la procédure suivie à l'étranger et des conditions dans lesquelles on aura procédé à l'arrestation de la personne signalée comme devant être extradée, ces irrégularités auront bien pu, le cas échéant, faire l'objet de plaintes déférées aux tribunaux locaux, lors qu'elles se produisaient, mais elles sont couvertes par l'acte d'extradition, et dans tous les cas elles ne peuvent être soumises à la justice française. Ces principes ont été contestés par bien des auteurs, entre autres Bernard, p. 525; F. Hélie, t. I, p. 719; Hauss, *Droit crim.*, n° 496, qui ont pu s'appuyer sur des arrêts de la Cour de cassation de France, des 15 et 16 mars 1822, 18 mars 1838, 7 mai 1845; mais la jurisprudence actuelle de cette cour s'est affirmée depuis en leur faveur les 29 août et 4 septembre 1840, 31 juillet et 5 septembre 1845, 11 mars 1847, 18 juillet 1851, 23 décembre 1852, 3 mai 1860, 4 mai et 4 mars 1865, 26 juillet 1867, 13 avril 1876; 30 août 1883, 11 janvier 1884, etc. etc. Ils ont été admis également par la Cour de cassation belge, 23 octobre 1850; 19 septembre 1851; 13 juillet 1866; 14 décembre 1866; 13 juillet 1868; 19 décembre 1868; 17 septembre 1875; par l'arrêt du Reichsgericht du 29 août 1888 en Allemagne; et dans les instructions du Garde des sceaux de France 25 novembre 1866. « Quant à l'inaccomplissement des conditions de procé- « dure déterminées par la loi intérieure de la puissance requise, « disait l'honorable rapporteur du projet de loi de 1878 au Sénat, « ces conditions ne sont pas sous la sauvegarde des juridictions « françaises. »

Dans son rapport à l'Institut de droit international, *Revue de droit intern. 1890*, le savant professeur de l'université de Vienne, M. H. Lammasch, après une enquête à laquelle il s'est livré, a complété la preuve qu'il avait fournie déjà dans de précédents travaux, que c'étaient là les seules règles à consacrer. C'est d'ailleurs ce que pensait M. L. Renault, *Annuaire de l'Instit. de droit intern.*, 1882, p. 99. Il paraît dès lors sage de ne pas suivre la voie indiquée par des contradicteurs fort estimables, mais peu nombreux.

Production de l'acte d'extradition. — On a réclamé devant les tribunaux la production de l'acte du gouvernement étranger qui autorise l'extradition, et cette prétention a été appuyée par M. Ducrocq, *Théorie de l'extr.* p. 59, et M. Bernard, t. ii, p. 491. De bonnes raisons s'y opposent, dit M. Billot, p. 321, qui ajoute : « La première qui pourrait dispenser de tout autre, est que la France n'a pas ce document. En effet, lorsqu'une extradition a été demandée par la France, alors qu'elle est accordée, le gouvernement requis se borne généralement à notifier par la voie diplomatique sa décision sans en remettre le texte ni la copie, et cette notification suffit pour consacrer le droit d'extrader. C'est donc à cette pratique internationale, respectée par la Cour de cassation, 5 juin 1867, affaire Quesson, que la loi française doit se conformer, à moins de rester une lettre morte.

Il peut être utile d'indiquer, que dans certains pays, les Etats-Unis entre autres, le warant d'extradition peut être remis aux agents du pays requérant ; mais ce mode de procéder n'est pas suivi en France (Lettre du ministre de la justice française au procureur général près la Cour de Cassation en 1867, affaire Renneçon Charpentier).

ARTICLES 32, 33.

Référence. — Art. 23, 24, 25 du projet de 1878.

Renvoi. — Voyez les notes sous les articles 53 et suivants ci-après.

ARTICLE 34.

Mode de transmission. — Il n'est pas nécessaire d'employer la voie diplomatique, parce que l'acte n'implique aucune responsabilité du gouvernement : de Stieglitz, p. 235, Fiore, p. 780 ; Bernard, p. 656.

Les traités admettent la transmission par la voie diplomatique ou directe : France et Bavière, art. 13 ; Italie 14 ; Espagne, 14 ; Belgique 14 ; Danemark 14, etc.

Les notifications étant destinées à mettre ceux qui les reçoivent en mesure de connaître la situation qui leur est faite, on considère généralement qu'il leur est avantageux de les recevoir et qu'il est juste de faciliter les moyens qui peuvent les faire parvenir à leur connaissance, quelle que soit la nature de la prévention dirigée contre eux et fut-elle politique. C'est l'opinion qui a prévalu à l'occasion des notifications faites, à la requête des autorités allemandes, au comte d'Arnim réfugié en Italie, et que paraissait adopter Bernard p. 655, Billot p. 442, Bomboy et Gilbrin p. 165, de Stieglitz p. 235.

Cependant la plupart des traités excluent encore ici les matières politiques, ils sont en général ainsi conçus, j'emprunte la clause dans le traité entre la Belgique et le Danemark de 1876 : « En matière pénale non politique, lorsque la notification d'un acte de procédure ou d'un jugement à un belge ou à un danois paraîtra nécessaire au gouvernement belge et réciproquement, la pièce transmise par voie diplomatique sera signifiée à personne, à la requête du ministère public, par les soins d'un officier compétent, et l'original constatant la notification, revêtue du visa, sera renvoyé par la même voie au gouvernement requérant, sans restitution de frais. »

ARTICLE 35.

Frais d'extradition. — En rigueur de droit devraient être à la charge du requérant, puisqu'ils sont faits pour son compte et à sa demande, et qu'en cas de stipulation de réciprocité, la balance entre les Etats, par suite des différences de situation, ne peut être que fictive. Aussi plusieurs traités conclus par la France de 1828 à

1853, 13 sur 23 les mettent en effet à la charge du requérant ; plus tard elle a accepté la règle que chacun des États supporterait les frais faits sur son territoire. C'est ce que l'Angleterre et les États-Unis et divers États de l'Amérique du Sud, après plus de résistance et d'hésitation que les autres gouvernements, semblent décidés à admettre eux-mêmes : traité du 20 mai 1876 entre la Belgique et l'Angleterre, art. 13.

C'est un moyen, d'après les auteurs, de prévenir bien des embarras, des correspondances multiples et parfois des désaccords fâcheux : Billot, p. 289 ; de Vazelhes, p. 134 ; Bernard, t. II, p. 477 ; Bomboy et Gilbrin, p. 169 ; Goddyn et Mahiels, p. 205.

Ces frais s'élèvent parfois très haut ; ils ne seraient pas moindres de 12 à 15,000 fr. en moyene par extradé, aux États-Unis, d'après Billot, de Vazelhes, de Stieglitz ; de 20,000 fr. en Angleterre, Bomboy et Gilbrin ; on cite des extraditions aux États-Unis ayant coûté 100,000 fr., 175,000 fr., 200,000 fr., Goddyn et Mahiels, p. 206.

Les frais mis à la charge de l'État, en France, sont payés sur les fonds alloués au ministère de la justice : circ. just. 18 novembre 1864.

L'état de ceux qu'il y aurait lieu de répéter, certifié à la requête du procureur de la République par le président du tribunal civil du lieu de l'arrestation, serait transmis au ministre de la justice pour qu'il fût pourvu à leur recouvrement.

Frais de transit. — Il n'y a pas de raison de les mettre à la charge du pays traversé ; l'État requérant les doit : de Vazelhes, p. 136 ; Bernard, p. 477 ; traité entre l'Allemagne, l'Italie et la Suisse, art. 3.

Frais de commissions rogatoires. — Anciennement ces frais étaient supportés par l'État requérant ; dans le droit conventionnel actuel, ils restent habituellement à la charge de l'État requis, à moins que l'exécution de ces commissions ne donne lieu à des frais extraordinaires ; notamment à la suite des expertises commerciales

7

ou médico-légales, par exemple : Convention de la Belgique avec l'Allemagne, 24 décembre 1874, art. 13 ; avec les Pays-Bas, 16 janvier 1877; cela est également dit dans les traités de l'Italie avec l'Allemagne de 1871, le Danemark de 1873, la Belgique 1875, les Pays-Bas 1869 ; et dans les traités de la France avec la Belgique, la Bavière et la Suisse de 1859, et l'Italie de 1870 ; le traité du 10 juillet 1854 entre la France et Waldek et Pyrmont, art. 11, laisse les frais résultant de l'exécution des commissions rogatoires à la charge du gouvernement qui les demande.

Recours contre la partie civile. — La partie civile doit payer les frais de la procédure, sauf son recours contre le condamné ; il ne faudrait pas cependant aggraver cette situation qui pèse sur la victime d'une mauvaise action, en mettant à sa charge des frais extraordinaires qu'elle ne pouvait prévoir. Or nous avons vu ailleurs combien les frais d'extradition pouvaient être considérables, puisqu'on les a comptés par centaine de mille francs.

ARTICLE 37.

Instruction préalable à la décision sur l'extradition. — Autrefois le décret autorisant l'extradition intervenait sur le rapport du ministre et le vu des pièces produites, sans autre instruction préalable, et le décret autorisant l'extradition ordonnait que la personne à extrader serait arrêtée et livrée à l'État requérant. Ce mode de procéder, qui ne présentait aucune garantie, avait déjà été abandonné et remplacé par des instructions ministérielles du 12 octobre 1875, contresignées par M. Ribot, suivies du projet de 1878, qui, en maintenant l'arrestation immédiate, sans laquelle l'autorisation d'extrader ne serait qu'une déclaration vaine, a prescrit une instruction préalable avant de statuer sur l'extradition.

ARTICLE 38

Dissentiment entre le ministre de la justice et le ministre des affaires étrangères. — Le ministre de la justice en France est le juge principal de la suite à donner aux demandes d'extradition ; il préside à l'application des décrets ; il n'est pas lié par l'avis du ministre des affaires étrangères. Si un conflit s'élève, il est réglé en conseil des ministres. Billot, p. 186.

Intervention du minstre de l'intérieur. — Lorsque le ministre des affaires étrangères, après la réception de la demande, a cru devoir y donner suite, le projet de 1878, conforme en cela aux instructions du ministre de la justice des 5 avril 1841 et 12 octobre 1875, prescrit par son article 11 d'adresser les pièces au ministère de la justice, qui, après vérification, les transmet, s'il y a lieu, au ministre de l'intérieur, pour qu'il prenne les mesures nécessaires pour faire opérer l'arrestation. Trois ministères sont ainsi mis en mouvement successivement pour arriver à l'emploi de mesures propres à assurer cette arrestation ; et dès qu'elle a été opérée, la personne arrêtée doit être mise à la disposition de l'autorité judiciaire. Pourquoi un si nombreux concours et cette succession de transmissions ? Elle ne me paraît avoir pour but que de régulariser l'arrestation.

Il s'est élevé des doutes sur cette régularité même, malgré la précaution qu'on a paru prendre pour la justifier ainsi ; mais en supposant que l'autorité administrative eût seule le droit de l'opérer, comment, si l'arrestation ne peut être légalement opérée qu'à la réquisition de l'administration, la personne pourra-t-elle continuer à être ensuite détenue, après avoir cessé d'être à la disposition de l'autorité administrative pour passer à la disposition de l'autorité judiciaire ?

Puis l'article 13 du projet porte que le procureur général notifiera le titre en vertu duquel l'arrestation aura eu lieu ; mais ce titre c'est l'acte de l'autorité judiciaire étrangère, et pourquoi l'exécution de cet acte, à laquelle l'article 13 prescrit au procureur général de veiller, ne serait-il pas exécuté à la requête de l'autorité judiciaire, en conférant à cette autorité préalablement le droit de le rendre exécutoire en France. C'est ce qui nous conduit à proposer de ne pas réclamer le concours d'un troisième ministre dans ces opérations, bien que cette intervention, indiquée par la circulaire ministérielle du 12 novembre 1875 ait été consacrée par le projet de 1878. D'ailleurs, si en cela je dissède de l'article 11 du projet, je me conforme à l'article 19 qui, sur la demande directe des autorités judiciaires étrangères, autorise le procureur de la République à faire procéder à l'arrestation, sur l'affirmation de l'existence d'un acte de l'autorité étrangère légitimant une extradition.

C'est d'ailleurs le système de la loi belge de 1874, art. 3 ; de la loi néerlandaise de 1875, art. 9 ; de la loi anglaise ; que nous proposons de suivre sur ce point.

ARTICLE 39.

Référence. — Art. 11 du projet de 1878. Proposition conforme à l'art. 13 de la loi néerlandaise de 1875.

Notification de l'acte justifiant l'arrestation. — Exigée par l'article 13 du projet de 1878 ; est également prescrite par les lois belge de 1874, art. 3 et néerlandaise de 1875, art. 12 ; et reconnue indispensable par la doctrine.

Force exécutoire attribuée à l'acte de justice étranger. — On propose de rendre l'acte judiciaire étranger justifiant l'arrestation exécutoire en France à la suite d'un exequatur délivré par le juge d'instruction. Le principe est posé dans la loi belge, art. 3 ; seulement le mandat d'arrêt étranger, ou tout autre acte ayant la même force, doit être rendu exécutoire par la chambre du conseil du tribunal de première instance. Puisque le juge d'instruction en France, sur les réquisitions du procureur de la République, peut décerner un mandat d'arrêt, pourquoi ne lui conférerait-on pas le droit de rendre exécutoire, sur les mêmes réquisitions, le mandat délivré à l'étranger.

Lieu d'écrou. — En l'état de la procédure que nous proposons d'adopter, impliquant l'obligation d'obtenir d'un magistrat français une déclaration rendant exécutoire en France l'acte étranger, il nous paraît que compétence doit être attribuée à ce magistrat pour la suite à donner à la procédure, et que c'est à la maison d'arrêt établie près de son siège, que l'étranger arrêté doit être écroué et non dans un lieu quelconque où le hasard l'aura fait rencontrer.

ARTICLE 40.

Référence. — Art. 12 du projet de 1878.

Contrôle des allégations de l'accusé. — Sous l'empire des circulaires des 12 octobre 1875 et 6 décembre 1876, le procureur de la République devait faire une enquête sur les dires recueillis dans l'interrogatoire de l'accusé ; en l'état de l'intervention des corps judiciaires eux-mêmes, si cela ne doit plus être obligatoire, il est peut-être convenable de l'autoriser lorsqu'il sera possible de le pratiquer.

Défenseur ; interprète. — L'obligation de pourvoir un individu à extrader d'un défenseur et d'un interprète, lorsqu'il le demandait, a déjà été reconnue dans la circulaire de la justice du 12 octobre 1875. Cette assistance est admise par les lois belge, néerlandaise, anglaise, américaine, canadienne.

ARTICLE 42.

Référence. — Cet article est emprunté partie à l'article 14 du projet de 1878, et partie à l'art. 13 de la loi néerlandaise de 1875.

Intervention de la justice.—Dans les demandes adressées au gouvernement français pour obtenir des extraditions, elle a été réclamée bien souvent. F. Hélie, t. II § 135 ; Prevost-Paradol, *Revue des Deux-Mondes*, 15 février 1866 ; Ch. Antoine, p. 496 ; L. Renault, *Annuaire de l'Inst. de droit intern.* 1882, p. 92, qui cite dans ce sens : Arntz, Asser, de Bar, Bluntschli, Ch. Brocher, Dubois, Gessner, Goos, Holland, de Hotlzendorff, Hornung, de Martens, Saripolos.

En l'état il y a trois systèmes : le système français en vigueur jusqu'en 1875, chargeant l'administration seule de l'instruction de ces demandes. M. Scruzier, p. 28, voudrait le voir maintenir.

Le système belge, faisant intervenir l'autorité judiciaire, mais à titre de pouvoir consulté seulement.

Le système anglais, soumettant aux tribunaux le soin de la solution à intervenir.

C'est le système belge qui est adopté par le ministère français depuis 1875, que suit le projet de 1878, et duquel il paraît qu'il n'y a pas lieu actuellement de s'écarter.

Quelle juridiction doit être appelée à donner son avis. — D'après le projet de 1878 et la loi belge, c'est la chambre des mises en accusation qui est appelée à donner son avis. Il en est de même en Italie, Fiore p. 339. D'après la loi néerlandaise, c'est le tribunal. Loi 1875, art. 8 et 13.

Nous proposons ce dernier système, le tribunal nous paraissant mieux placé pour recueillir les renseignements nécessaires pour constater l'identité de l'individu réfugié dans son ressort et les autres éléments de sa décision.

Ce sera un moyen de procéder plus rapidement, les réunions exceptionnelles des tribunaux étant plus faciles à obtenir que celles des cours.

Le fugitif sera d'ailleurs le plus souvent arrêté près de la frontière, c'est à dire sur un point fort éloigné du siège de la Cour, et on sait combien dans certaines localités, dépourvues encore de voies rapides de communication, les transports se font lentement ; qu'on consulte le temps employé pour le transfert des condamnés de Barcelonnette ou de Castellane, conduits devant la Cour d'Aix à la suite d'appels ; qu'en serait-il si, pour vérifier préalablement certaines circonstances de leur arrestation, il fallait les ramener au point de départ.

Puis on ne peut se dissimuler que cette intervention d'un corps judiciaire dans une procédure criminelle, qui doit recevoir sa solution de l'autorité administrative, ou si l'on veut politique supérieure, est assez anormal et antipathique avec le fonctionnement de nos institutions. Ce sont surtout en pareil cas de simples constatations qu'on demande à l'autorité judiciaire sous forme d'un avis qui pourra ne pas être suivi. C'est assez de convier à cette œuvre les tribunaux inférieurs sans y associer les cours supérieures de justice.

Croit-on qu'on obtiendra ainsi plus de garanties, j'en doute. Certes les cours supérieures en présentent de toutes sortes ; mais leur action est surtout utile comme contrôle et révision, lorsqu'il s'agit de juger les jugements rendus, l'œuvre des autres ; lorsque leur action sera directe, elle perdra une grande partie d'une valeur que je suis loin de contester.

Puis s'il naît des questions d'identité, de nationalité, qui ne peuvent être jugées que par les tribunaux de première instance avant tous, pourquoi ne pas permettre à ces tribunaux, moyennant un court sursis, avant de donner leur avis, de se saisir d'urgence d'une question qu'ils pourront judiciairement trancher, sans retard sérieux le plus souvent.

J'indiquais tantôt que, en Italie, c'est la chambre des mises en accusation qui est investie, mais M. P. Fiore, p. 642, en le constatant, est d'avis qu'il eût été plus pratique de rendre les tribunaux de première instance compétents.

Publicité de l'audience. — Le projet de 1878 portait que la comparution de l'individu à extrader, aurait lieu en audience publique, et que le huis clos ne serait que l'exception. La publicité des audiences dans les affaires sur lesquelles les tribunaux ont à rendre sentence, est une garantie trop sérieuse d'une bonne administration de la justice pour pouvoir être mise en question. Mais ici il n'y a rien de pareil avec une décision de justice : il s'agit d'une simple mesure d'instruction et pas même d'une décision intervenant dans le cours d'une procédure d'instruction criminelle, mais d'un avis à émettre sur une mesure sollicitée par un pouvoir étranger. Et les ordonnances de renvoi et les arrêts de mise en accusation ne sont instruits ni prononcés publiquement, pourquoi en serait-il autrement pour l'instruction d'un simple avis à donner.

Notez que cet avis ne doit pas être porté à la connaissance du public, et que c'est l'instruction seule qui se fera publiquement. Ce mode de procéder me paraît devoir être si anormal, qu'il n'y aurait pas lieu de le consacrer, et je serai d'avis de ne l'admettre dans tous les cas que très exceptionnellement. Il n'est peut-être pas inutile de faire remarquer que les demandes d'extraditions pourraient parfois provoquer contre les gouvernements qui les font des récriminations plus ou moins justes et passionnées, et que les incidents qui pourront se produire à la suite des plaidoiries et de la publicité que leur assure la presse, doivent être prévenus et empêchés dans un intérêt de paix publique et du maintien des relations internationales. Aux termes de la loi néerlandaise du 13 août 1869, art. 18, l'inculpé doit être entendu en chambre du conseil. Mais il faut reconnaître que l'art. 14 de la loi de 1875 consacre la publicité.

ARTICLE 43.

Questions préjudicielles. — Si des questions préjudicielles et notamment des questions de nationalité étaient soulevées sérieusement, en droit strict, elles devraient être préalablement renvoyées à la solution de l'autorité judiciaire, suivant les règles ordinaires de procédure ; mais de telles actions, avec les recours dont elles sont susceptibles, ne pourraient être suivies qu'en laissant en suspens, pendant quelquefois de longues années, les demandes en extradition ; et il nous paraît difficile d'en renvoyer l'examen préalable à l'autorité compétente, bien que se soit la voie indiquée par la loi néerlandaise du 6 avril 1875, art. 16, 17 et 18. Le tribunal devra donc se borner à signaler la difficulté dans son avis et la solution qu'elle lui paraîtra comporter, et ces renseignements ne manqueront pas d'être pris en sérieuse considération, lorsque le gouvernement arrêtera la décision à prendre.

ARTICLE 44.

Référence. — Art. 15 du projet de 1878.

Caractère de l'acte réclamé à l'autorité judiciaire.— Le rapporteur de la loi de 1878, à l'occasion d'un amendement présenté par M. le sénateur Bozérian, a dit : « Le pouvoir judiciaire même pour les irrégularités reprochées à la procédure en France, lorsque la France est la puissance requise, n'est pas un véritable juge, il ne donne qu'un simple avis. » C'est en effet le seul caractère, avec toutes ses conséquences et ses effets, qu'il y a lieu d'attribuer à l'avis donné par l'autorité judiciaire.

Dans certains pays cet avis doit être suivi obligatoirement, du moins s'il est négatif. Loi canadienne 28 avril 1877.

Sur quoi doit porter l'avis. — Il est difficile de préciser d'une manière absolue et limitative, pour tous les cas, sur quoi doit porter cet avis ; le projet de 1878 ne le fait pas, pas plus que la plupart des documents de cette nature. Il est nécessaire qu'il porte sur l'identité du prévenu et sa nationalité, si elles sont douteuses et contestées, sur la régularité de la demande, d'après les lois et les traités, sur la nature de la prévention, sur son caractère politique ou militaire le cas échéant, sur la recevabilité de l'action, sur la régularité et l'authenticité des pièces, et, s'il y a lieu, sur, je ne dirai pas la vraisemblance de l'accusation, mais son invraisemblance.

Délais entre les divers actes d'instruction. — Le projet de 1878 détermine le plus souvent les délais dans lesquels les actes d'instruction devront être remplis. Pour agir avec célérité, on ne les a fixés le plus souvent qu'avec la certitude qu'ils devront être dépassés : ils ne sont d'ailleurs que comminatoires. Ce sont des conseils qui ne seront pas suivis et qui, pour la plupart, ne peuvent pas l'être. Il peut paraître dès lors inutile de les reproduire et de convier en quelque sorte ainsi les citoyens à éluder les prescriptions de la loi. Ces procédures finissent par être soumises forcément au ministre de la justice, qui, lorsqu'il trouvera des retards sérieux et inexplicables, aura toujours l'occasion de les reprocher à ceux auxquels ils seront imputables.

Délai entre l'arrestation et l'acte d'extradition. — La loi anglaise du 9 août 1870, art. 4, et la loi canadienne du 18 avril 1877, art. 17, exigent que le magistrat de police qui envoie un malfaiteur étranger en prison, l'informe qu'il ne pourra être extradé qu'après l'expiration du délai de 15 jours, et qu'il a le droit de requérir une ordonnance d'*habeas corpus*. C'est là une prescription qui tient à l'ensemble des dispositions de ces lois, et qui ne me paraît pas devoir être importée dans notre réglementation ; elle détermine des garanties d'une toute autre nature, pour que l'extradition ne soit accordée qu'en pleine connaissance de cause et avec les éléments nécessaires d'appréciation.

Avis de l'autorité administrative. — Après l'instruction judiciaire, le Conseil d'Etat, en Belgique, peut être consulté. L'article 9 n° 2 de la loi du 20 mars 1865, porte : « Outre les cas dans lesquels le Conseil d'Etat est requis, aux termes de la loi, à donner son avis, cet avis peut être demandé : 1°... 2° sur les demandes d'extradition faites par les gouvernements étrangers. » Il peut paraître inutile de multiplier ainsi des formalités si nombreuses, en introduisant un usage qui n'existe pas dans la pratique en France.

ARTICLE 45.

Référence. — Art. 16 du projet de 1878.

Décret d'autorisation. — En déclarant que c'est un décret qui doit autoriser l'extradition, le projet ne fait que consacrer ce qui existe depuis bien longtemps. Décret de 1811 ; circ. de la justice de 1841 et 1875.

En Belgique, l'extradition est accordée par une ordonnance royale contresignée par le ministre de la justice, ou par un arrêté du ministre agissant par délégation ; Billot, p. 266. Dans les Pays-Bas, c'est par ordonnance royale ; en Angleterre, l'extradition a lieu en vertu d'un mandat délivré par un secrétaire d'Etat : *warant of a secretary of state*. Il en est de même aux Etats-Unis. En Italie, le Code sarde de 1859 art. 11, portait : « Aucun malfaiteur ne pourra être remis à aucun des Etats étrangers sans l'ordre du gouvernement du roi. » En fait c'est le ministre de la justice qui rend cette ordonnance, Fiore, p. 339. Ce décret ne peut être l'objet d'un recours.

Notification du décret d'extradition.— Le décret d'extradition, d'après les usages généralement suivis, n'est point transmis
au gouvernement étranger ; on se borne à lui donner avis qu'il a
été rendu, en lui faisant connaître, s'il y a lieu, les conditions auxquelles l'extradition a été accordée.

ARTICLE 46.

Référence. — Reproduction de l'article 17 du projet de 1878,
sauf qu'au procureur général désigné par cet article est substitué le
procureur de la République.

**Assentiment de l'extradé à être jugé à raison d'un fait
non compris dans la demande.** — D'après un système, le
malfaiteur dont on demande l'extradition, et qui consent volontairement à être livré directement et sans formalités doit être considéré comme arrêté sur le territoire français, et dès lors s'il était jugé
en France, on pourrait le condamner non-seulement pour le fait
motivant l'extradition, mais encore pour tous autres. C. cass. 24
mai et 4 juillet 1867, cassant deux arrêts de la Cour de Paris ;
Fiore, p. 724 ; Bomboy et Gilbrin, p. 114. Ces auteurs soutiennent,
p. 116, qu'il pourrait être jugé même pour des faits politiques.
    Ce système a été vivement combattu ; l'étranger qui se trouve
arrêté en vue d'une extradition pour un fait déterminé, s'il consent
à être jugé sans accomplissement des formalités, en réalité ne donne ce consentement que dans les conditions déterminées et à raison
de la seule prévention dirigée en l'état contre lui. Si plus tard on
lui reproche d'autres infractions, il est évident que son consentement a être jugé pour un fait spécifié, ne peut l'engager à subir
d'autres poursuites : Bernard, pp. 579, 671 ; Stieglitz, p. 222 ; de
Vazelhes, p. 182 ; Goddyn et Mahiels, p. 226. C'est ce qu'a soutenu
la Belgique contre la France à l'occasion de diverses affaires d'ex-

traditions. Dans la chambre des représentants, le 7 mars 1868, M. Bara, ministre du royaume d'Italie, a défendu ce système contre la France en 1868 ; mais il a changé d'avis dans sa circulaire du 12 mai 1881.

C'est pour affirmer la consécration de cette règle qu'il nous paraît nécessaire de dire, avec le projet de 1878, qu'en pareil cas on ne se bornera pas à livrer l'étranger sur sa demande; mais qu'il sera rendu un décret autorisant l'extradition pour les faits qui ont motivé la demande. Voyez Exposé des motifs sur l'article 14 du projet de 1878, p. 26. Alors que d'après les instructions ministérielles des 12 octobre 1875, 6 décembre 1876 et 26 mars 1877, dès que l'extradé consentait à être livré, il devait être remis au pays requérant sans décision du gouvernement, et après un simple examen des pièces au ministère de la justice « pour que l'extradition ne dégéné-
« rât pas en simple mesure de police, ce qui pourrait amener dans
« la pratique de sérieuses difficultés. » Circ. min. 26 mars 1877.

ARTICLE 47.

Référence. Autorité appelée à assurer l'extradition. Pièces devant l'accompagner. — Conforme à la convention entre la France et l'Angleterre du 14 août 1876, art. 6, où il est dit toutefois que ce sera le ministre de l'intérieur qui sera chargé de ce soin, pourquoi le ministre de la justice saisi ne pourrait-il pas directement faire donner des ordres pour assurer ce transfert. En Belgique ce soin incombe au procureur général. Circ. justice belge, 10 octobre 1867.

L'obligation, en livrant l'extradé, de remettre les pièces constatant son identité et faisant connaître le tribunal étranger saisi, a été édictée par le ministre de la justice; décision du 26 mars 1877, à la demande du gouvernement belge; elle se trouve également dans les circulaires du ministre de l'intérieur des 15 mars 1877 et 13 août 1878.

Lieu de la remise de l'extradé.—On doit préalablement s'entendre pour fixer le lieu de la frontière où sera livré l'extradé, si ce lieu n'a pas été déterminé par les traités, Billot, p. 272. Des localités ont été déterminées dans divers traités, notamment dans les traités entre la France et les Deux-Siciles, du 14 juin 1845, et autres Etats italiens ; dans le traité du 28 octobre 1843 entre la Belgique et la Suède, de 1845 avec le Hanovre, de 1854 avec le Portugal, dans la convention additionnelle du 12 février 1869 entre la France et l'Autriche, désignant Saltzbourg et Strasbourg.

Agents préposés au transfert. — En Angleterre, l'agent étranger était autorisé à assurer le transfert. Loi 9 août 1870, article 11. Bernard, p. 458. Le traité franco-anglais du 14 août 1876 en fait une obligation. L'ancienne pratique anglaise était admise aux Etats-Unis par l'acte de 1848, mais elle n'a jamais été acceptée en France.

Extradé évadé. — L'extradé qui reviendrait sur le territoire français après son arrestation et un décret autorisant son extradition, devrait être arrêté et livré de nouveau en vertu des actes antérieurs et sans formalités nouvelles ; traité entre l'Italie et Malte, v. i, § 2 ; Fiore, p. 670.

ARTICLE 48.

Référence. Transit. Avis du ministre des affaires étrangères. — Reproduction de l'article 21 du projet voté en 1878 par le Sénat; toutefois en ajoutant que avis sera préalablement donné au ministre des affaire étrangères.

Le gouvernement étranger devant transmettre sa demande au ministère de affaires étrangères et recevoir de lui avis de cette décision,

il me paraît difficile de ne pas indiquer que ce ministre sera
consulté.

Autorisation. — Nous avons déjà dit ailleurs que la faculté de
traverser un territoire tiers pour conduire l'extradé sur le territoire
requérant est admise par le droit conventionnel.

En Belgique, comme d'après le projet français, c'est le ministre
de la justice qui est chargé de donner ces autorisations sans qu'il
soit besoin de remplir les formalités nécessaires pour consentir une
extradition. Exposé des motifs de la loi belge du 5 avril 1868, art. 3,
reproduit dans l'art. 4 de la loi de 1874 et rapport sur cette loi.

Conditions. — Le projet français accorde le transit à tout État
qui le réclame à titre de réciprocité et sous des justifications assez
simples. Cela paraît juste, car il ne s'agit plus d'un individu qui a
cherché un refuge sur un territoire et des garanties à lui assurer;
mais de faciliter une mesure consentie entre deux gouvernements
seuls intéressés. Dira-t-on que la plupart des traités sont plus pré-
voyants et à bon droit plus exigeants, en soumettant de pareilles
demandes à des conditions qui empêcheraient le gouvernement requis de faciliter une extradition reposant sur des faits qui ne pourraient pas la motiver et qui devraient la faire repousser.

Mais le projet ne fait pas au ministre l'obligation de souscrire à
toutes les demandes qui lui sont adressées; il lui donne la faculté
de l'accueillir, et si le ministre, nanti de la demande, pouvait soup-
çonner qu'elle est contraire aux prescriptions de notre loi, il serait
libre de demander de plus amples explications, et si ses soupçons
se confirmaient, il devrait ne point permettre le transit. Le ministre
devra agir cependant avec beaucoup de réserve, car il n'a pas précisément à apprécier l'extradition et à contrôler les accords intervenus entre deux gouvernements, mais la convenance qu'il y a, pour
faciliter ces accords, à permettre le passage.

ARTICLE 49.

Référence. — Convention franco-anglaise, 14 août 1876, article 10. Convention Italie et Portugal, 18 mars 1878, qui porte le délai de 3 mois. La même règle est posée dans l'art. 4 de la loi de 1848 des Etats-Unis, et l'art. 12 de l'acte anglais de 1870.

Mesures d'ordre. — Il est inutile de dire que les autorités françaises pourront prendre, à l'occasion de ce transit, toutes les mesures qui leur paraîtront nécessaires pour assurer le maintien de l'ordre, pour prévenir toute tentative d'évasion.

La conduite sur le territoire traversé doit se faire sous la direction et les soins de l'autorité territoriale et de ses agents. L'article 26 de la loi néerlandaise de 1875 le dit formellement : « L'individu extradé sera accompagné d'agents néerlandais en traversant le territoire du royaume. » La plupart des traités l'indiquent également.

Les détails des mesures qu'il convient de prendre pour assurer le transit se trouvent dans la déclaration échangée à Berlin, le 25 juillet 1873, entre l'Allemagne, la Suisse et l'Italie. Il y est dit que les gouvernements requis et requérant pourront faire accompagner par un ou plusieurs agents les malfaiteurs, que les agents du territoire suisse traversé doivent conduire à la frontière ; on indique les pièces que le pays requis doit remettre aux autorités de la Suisse. En cas de refus de recevoir l'extradé, il sera remis à l'autorité qui l'a livré, qui devra rembourser les frais exposés. On ne pourra faire transiter sur le territoire suisse des personnes poursuivies pour faits politiques, ou appartenant à sa nationalité.

ARTICLE 50.

Référence. — C'est la reproduction à peu près textuelle de l'article 19 du projet de 1878, dans son application exclusive aux extraditions demandées à la France.

Avis à donner par le procureur de la République. — Cet avis est avec raison déjà prescrit formellement par les instructions du ministère de la justice des 30 juillet 1872 et 30 décembre 1878. Il doit être transmis que les magistrats donnent suite ou non à la demande qui leur est adressée. En droit rigoureux de pareilles demandes devraient, sans exception, être toujours présentées au ministre des affaires étrangères ; il y a pour cela des raisons nombreuses et très graves que nous avons eu occasion de signaler ; si exceptionnellement, il est des cas où cette règle puisse ne pas être suivie, il est cependant impossible que les opérations aient lieu et se poursuivent par l'entremise de l'autorité judiciaire à l'insu du gouvernement.

Légalité de cette arrestation. — A été mise en doute. C'est une question oiseuse à se poser ici, puisqu'il s'agit d'insérer dans la loi une disposition formelle à ce sujet. Si elle est adoptée, l'arrestation sera légalement opérée puisqu'elle sera autorisée par la loi. Toutefois pour rassurer ceux qui ne verraient là qu'à regret une nouvelle atteinte portée à la liberté individuelle, il ne sera pas inutile de faire remarquer que, même en l'état de notre législation actuellement en vigueur, on admet généralement que cette arrestation, autorisée par certaines instructions et des accords internationaux, est régulière en France : C. cass., 30 juin 1827, 11 mars 1847, etc. Billot, p. 148 ; de Vazelhes, p. 114 ; de Stieglitz, p. 126 ; Ch. Antoine, p. 478 ; Bernard, t. 2, p. 398. Elle est autorisée par les lois belge, loi de 1874 art. 5 ; néerlandaise 1875, art. 9 et 10 ;

anglaise 1870, art. 8. On la trouve inscrite dans un très grand nombre de traités.

ARTICLE 51.

Référence. — C'est la reproduction textuelle de l'article 20 du projet voté en 1878, avec cette seule différence qu'on propose de substituer le tribunal de première instance de l'arrondissement où se trouve le détenu, à la chambre des mises en accusation, pour statuer sur les demandes de mise en liberté provisoire qu'il pourrait former.

C'est la conséquence de la proposition que nous faisons dans tous ces cas, de donner compétence aux tribunaux d'arrondissement en cette matière.

Liberté provisoire sous caution. — Doit pouvoir être ordonnée en se conformant aux règles établies par la loi locale : loi belge, art. 5. Cela est admis en Italie ; approuvé par Fiore, p. 483 ; Goddyn et Mahiels, p. 186 ; réclamé par Bernard, t. 1, p. 403. Toutefois, M. Ch. Antoine, p. 484, non sans raison, fait remarquer que la situation d'un individu qui au lieu d'être arrêté en se livrant volontairement à l'autorité publique, s'est soustrait par la fuite à cette mesure, est loin d'être intéressante, et de plaider en faveur de son admission à la mise en liberté, même sous caution.

Il n'est pas inutile de faire observer que ce n'est que dans le cas où il s'agit d'une arrestation provisoire par mesure d'urgence que la liberté provisoire peut être demandée, les délais de l'instruction pouvant être fort longs, et l'arrestation n'ayant lieu que sur l'avis de pièces à transmettre et de justifications à fournir. Lorsqu'il s'agit au contraire d'une demande régulièrement formée avec pièces à l'appui et devant être rapidement répondue, à la suite d'une demande en liberté provisoire, on ne peut lever l'arrestation, assurée en vertu du titre transmis de l'étranger et auquel le gouvernement a fait foi ; la détention ne cessera que si l'extradition est refusée. C'est ainsi que la Belgique le pratique : C. cass. belge, 14 décembre 1874, 16 novembre 1875.

Absence d'envoi des pièces. — Si des mesures exceptionnelles peuvent être prises pour assurer l'arrestation d'un individu qui cherche à échapper par la fuite à l'action de la justice, on ne saurait prolonger plus qu'il n'est indispensable sa détention, lorsque les justifications promises pour la régulariser n'arrivent pas dans un temps normal. C'est ce qui fait admettre que lorsque les pièces nécessaires pour justifier l'extradition ne sont pas parvenues dans un temps fixé, l'individu doit être mis en liberté. Ce délai varie suivant les divers textes où il est déterminé : il est de 14 jours dans le traité entre la France et l'Angleterre ; de 15 jours dans nos traités avec l'Autriche, Bade, la Bavière, la Belgique, l'Espagne, la Hesse, le Luxembourg, Monaco, l'Oldembourg, les Pays-Bas, la Suisse; de 25 jours dans notre traité avec le Portugal ; d'un mois avec le Danemark et l'Allemagne ; six semaines pour la Suède et Norwège ; 4 mois, et même 6 mois, avec le Pérou. Les traités italiens le graduent ainsi : vingt jours, trois semaines, un mois. La loi belge, 15 jours, trois semaines, 3 mois; la loi belge 20 jours pour les Etats d'Europe, 3 mois au dehors.

Certains actes autorisent l'Etat où se trouve le détenu à proroger, le cas échéant, les délais, avant de le mettre en liberté.

ARTICLE 52.

Référence. — Reproduction de l'article 8 du projet voté par le Sénat ; de la loi anglaise de 1870, art. 3 § 3. La même règle est suivie en Italie, Fiore, p. 308. Elle se trouve dans un très grand nombre de traités signés par la France : France Autriche, 1855, art. 4 ; Bade, 1844, art. 5 ; Bavière, 1869, art. 8 ; Belgique, 1875, art. 9 ; Brême, 1867, art. 4, 9 ; Chili, 1860, art. 5 ; Danemark,

1877, art. 9 ; Angleterre, 1876, art. 13 ; Italie, 1870, art. 8 ; Pays-Bas, 1844, art. 2 ; Portugal, 1854, art. 4 ; Suède, 1869, art. 4 ; Suisse, 1869, art. 7 etc. Comme dans ceux conclus entre divers Etats : Belgique avec l'Angleterre, 20 mai 1876, art. 11 §1 ; l'Allemagne, 24 décembre 1874, art. 5 ; l'Italie avec l'Allemagne, 1871 ; le Brésil 1872 ; le Danemark, 1873 ; les Pays-Bas, 1860 ; le Portugal, 1878 ; la Russie, mai 1871.

Communication à faire à ce sujet par les parquets. — Si l'individu est détenu en France, à raison de poursuites ou condamnations, cette circonstance doit être signalée à la chancellerie pour assurer l'exécution de cet article. Habituellement, lorsqu'il intervient un décret d'extradition dans ces conditions, il porte expressément que l'extradition ne sera mise à exécution que lorsqu'il aura été satisfait à la justice française. Circ. justice 6 décembre 1876.

Suite à donner à la demande d'extradition. — Si les circonstances prévues par notre article peuvent faire retarder l'exécution de l'extradition, elles ne sont pas de nature à faire différer la solution réclamée par la demande, Fiore, p. 653 ; de Stieglitz, p. 55.

Droits privés. — L'exercice des droits privés ne pourra au contraire suspendre l'exécution de l'extradition. L'intérêt social doit primer l'intérêt privé ; ce principe est consacré dans cette circonstance par la plupart des traités, notre rédaction ne fait que reproduire les termes de l'article 4 du traité de 1855 entre la France et l'Angleterre, de l'article 11 de la convention du 20 mai 1876 entre la Belgique et l'Angleterre, et de l'article 5 de la convention du 24 décembre 1874 entre ce pays et l'Allemagne.

La réserve mentionnée au texte, sauf à la partie lésée à poursuivre ses droits devant les tribunaux, a pour but de sauvegarder ces droits autant qu'ils sont conciliables avec l'exécution de l'extradition ; mais elle ne saurait autoriser ces créanciers à attaquer le décret qui l'autorise et à s'opposer à son exécution. Les tribunaux français ne seraient d'ailleurs pas compétents pour en connaître, en l'état des principes admis chez nous relativement à la séparation des pouvoirs. C. d'Etat, 2 juillet 1836 ; circ. juillet 1844.

M. de Stieglitz pense qu'on devrait livrer l'individu détenu à la requête de l'Etat pour dettes. Les actions qu'exerce l'Etat en matière criminelle, me paraissent présenter toutes un caractère qui ne permet peut-être pas cette distinction.

ARTICLE 53.

Saisie et envoi des pièces de conviction. Opposition. Compétence. — La saisie et l'envoi de ces objets sont indispensables pour l'instruction des affaires criminelles, et sont prévus et ordonnés par les dispositions du plus grand nombre des conventions d'extradition.

Toutefois, les saisies peuvent comprendre des objets inutiles pour l'instruction et qu'il était nécessaire d'éliminer. C'était au procureur de la République que ce soin devait être naturellement confié, en l'état des règles que nous proposons d'adopter pour l'instruction de ces affaires en France. Le projet voté par le Sénat, par son article 22, charge de ce triage la chambre des mises en accusation, à moins que l'accusé consente à être extradé sans formalités ; dans ce cas il le confie au procureur général.

Cette opération ne me paraît pas ressortir, tant qu'il ne s'élève pas de contestations, d'un corps judiciaire ; il devrait dans tous les cas être confié au procureur général ; mais dans notre système, l'instruction devant être faite devant le tribunal et non devant la Cour, ce devrait être le procureur de la République qui en serait chargé.

Dès qu'une opposition se produit, l'opération présente un caractère contentieux et la difficulté doit être appréciée par les tribunaux.

C'est la marche admise par l'article 8 de la loi néerlandaise de 1875 ; l'article 5 de la loi belge de 1884, qui par suite de la procédure qu'elle organise, fait intervenir la chambre des mises en accusations. Voyez toutefois l'article 11, qui attribue compétence au tribunal pour les saisies faites à la suite de commissions rogatoires.

Des auteurs font remarquer que les objets saisis appartenant à l'extradé, ou à des étrangers auxquels il les aurait dérobés, devraient être transmis à l'Etat étranger, alors même que l'extradé serait mort ou se serait soustrait par la fuite aux effets de la demande dirigée contre lui.

Si l'extradition est refusée, ces objets sont restitués à l'accusé ou aux ayants-droit, sauf, en cas de contestation, à être jugé ce que de droit par les tribunaux.

J'ai indiqué ailleurs que les déserteurs de l'armée de terre ne pouvaient être soumis à la présente loi sur l'extradition, il est peut-être inutile dès lors de dire ici à propos de la saisie des pièces, que bien que les déserteurs ne soient pas livrés, on est dans l'usage de restituer les armes, chevaux et autres objets emportés par le militaire dans sa fuite. Fiore ; Bomboy et Gilbrin.

Mode de transport. — Ce n'est pas à la loi à pourvoir à ces détails. Les pièces de conviction suivront l'accusé lorsqu'elles pourront être confiées aux agents chargés de son transfert. On s'entendra préalablement entre les requérant et le requis, lorsqu'il faudra recourir à des voies exceptionnelles pour en fixer le mode, à raison de leur volume, de leur poids, de leur importance et de leur valeur.

ARTICLE 54.

Référence. — Article 23 du projet voté par le Sénat, et pour le § 4, art. 11 de la loi belge de 1874.

Commissions rogatoires. — Leur exécution d'Etat à Etat est généralement convenue dans les traités. La France en a signé un grand nombre dans ce sens.

Il en est toutefois qui ont stipulé qu'il n'y avait pas à y donner suite, lorsque l'acte qui y donne lieu n'est pas punissable d'après les lois du pays requis. Convention Belge-Allemande, 24 décembre 1874, art. 13 ; et la loi belge de 1874, dans son article 11, a sanctionné cette réserve.

Lorsque la commission rogatoire est dirigée contre un citoyen de l'Etat requis : traité franco-bavarois, 29 novembre 1869, art. 12 ; et avec des distinctions en pareil cas, traité de l'Italie avec Bade, art. 13, et avec l'Allemagne, art. 12 ; avec l'Espagne, art. 13.

Transmission par la voie diplomatique, sauf urgence. — Est exigée par presque tous les traités et considérée comme seule régulière par presque tous les auteurs : Billot, p. 367 ; de Stieglitz, p. 225 ; Bernard, p. 637 ; Bomboy et Gilbrin, p. 155, 379 ; circ. just. fr. 1844. Toutefois, dans la pratique, ce n'est pas celle qui est généralement suivie, c'est ce que fait remarquer Fiore, p. 746, qui voudrait que l'envoi direct fût admis, comme le fait l'Italie, circ. just. ital. 22 août 1874 ; convention avec Saint-Marin, 27 mars 1872 ; la Suisse, protocole du 1er mai 1869 ; déclaration additionnelle avec l'Autriche des 30 mai et 22 juillet 1872 ; C. pénal, art. 853.

Formule exécutoire. — La loi belge de 1874, art. 11, exige que la commission rogatoire tendant à une visite domiciliaire ou saisie en Belgique, soit accompagnée d'une formule exécutoire obtenue de la justice locale. Cette prescription me paraît juste et doit être suivie en France ; il n'est pas admis qu'un mandat puisse être exécutoire directement chez nous, en suite de l'ordre qu'il contient, émanant d'une autorité étrangère.

Langue employée. — Est celle de la nation du pays requérant. Divers traités exigent cependant une traduction française : convention de l'Italie avec la Russie, le Danemark, les Pays-Bas; accords avec la Roumanie, par suite de notes échangées en juillet 1873 entre les deux gouvernements.

Oppositions aux saisies et visites. — Les règles à suivre en France à raison de ces opérations sont celles qui sont établies par nos lois. C'est en effet la législation du pays requis qui doit être suivie pour ces opérations. Convention belge-allemande, 24 décembre 1874 art. 13; belge-néerlandaise, 16 janvier 1877, art. 12; France-Wurtemberg, 1853, art. 11. En cas de recours et opposition, c'est donc la loi française qui doit être suivie, sans qu'il soit besoin de l'indiquer dans la loi actuelle.

Lorsque la forme usitée dans un pays pour remplir les commissions rogatoires ne permet pas de leur attribuer dans le pays requérant une force judiciaire suffisante, il a été inséré dans les lois intérieures des dispositions nécessaires pour que l'exécution de ces commissions ne fussent pas de vaines formalités. Art. 854 C. proc. pén. italien.

Timbre et enregistrement. — Les commissions exécutées en France sont dispensées du timbre et doivent être enregistrées gratis. Décis. min. fin. 27 mars 1829. Le trésor doit acquitter les droits dus aux officiers de l'état-civil pour délivrance d'actes. D. 18 juin 1811, art. 41 et suiv.. Lettre au procureur de la République de Vienne du 6 juillet 1876, citée par Ch. Antoine p. 800. Cela fera l'objet d'une disposition formelle dans le projet.

ARTICLE 55.

Référence. — Article 24 du projet adopté par le Sénat.

Comparution des témoins.—La comparution des témoins français devant un juge étranger ne peut être que facultative ; l'autorité de leur domicile ne peut que les engager à comparaître, sans que leur non comparution puisse les mettre sous le coup de condamnations. Convention belge avec l'Allemagne, 24 décembre 1874, art. 14, et avec les Pays-Bas, 16 janvier 1877, art. 13.

MM. Billot p. 404, Bomboy et Gilbrin p. 162, de Stieglitz p. 233, voudraient que le témoin cité fut forcé de comparaître. Fiore, p. 770, est d'avis que cette obligation serait exorbitante ; on ne retrouve ce caractère obligatiore que dans des anciens traités entre la France et la Suisse, de 1803 et 1828.

Poursuite contre l'individu cité comme témoin. — Le droit conventionnel ne permet pas de faire arrêter et poursuivre pour faits antérieurs, ou coopération à l'acte poursuivi, l'individu cité comme témoin devant un tribunal étranger : convention Belgique et Allemagne, 24 décembre 1874, art. 14 § 3 ; Belgique et Pays-Bas, 16 janvier 1877, art. 13 ; France et Suisse, 9 juillet 1879, art. 14 etc. Bernard, p. 649 ; de Stieglitz, p. 234 ; Bomboy et Gilbrin, p. 161. Si le témoin cité fournissait une fausse déclaration, le traité du 3 juin 1868 entre l'Italie et l'Espagne, par son article 14, réserve pour chaque cas aux gouvernements le soin de s'entendre pour fixer à cet égard l'autorité devant laquelle il devrait être renvoyé. Fiore, p. 776, n'approuve pas cette disposition du traité.

ARTICLE 56.

Référence.— Convention Belgique avec Allemagne, 24 décembre 1874, art. 14 § 2 ; Italie-Suisse, 22 juillet 1868 ; France-Italie, 16 juillet 1873 ; Belgique-Pays-Bas, 16 janvier 1877, art. 13.

Avance des frais par l'Etat où réside le témoin. — Cette avance partielle des frais par le gouvernement ou réside le témoin, sauf le remboursement par l'Etat requérant, est prévu par un grand nombre de conventions de la France ; notamment avec le Danemark, 28 mars 1877, art. 15, avec la Bavière, la Suisse 1869, l'Italie 1873 , la Belgique 1874, l'Espagne 1877, l'Autriche 1869, etc. Entre l'Italie et l'Autriche, 1868 ; la Belgique et l'Allemagne, 24 décembre 1874, art 14, § 2. Voyez aussi circ. justice de France, 30 juillet 1872.

ARTICLE 57.

Référence. — Article 25 du projet voté par le Sénat.

Confrontation. — La remise d'un individu détenu peut être réclamée temporairement par un autre Etat pour une confrontation. L. néerlandaise 1875, art. 21 ; traité franco-suisse, 26 janvier 1853 ; Bernard, p. 653 ; Fiore, p. 776. D'après la loi néerlandaise cette absence momentanée n'interrompt pas la durée de la peine qu'il subit.

Cette remise temporaire est une mesure grave, qui ne doit être réclamée et autorisée que très exceptionnellement. La Belgique et la France ont souvent préféré gracier le détenu pour faciliter sa comparution, que de permettre sa remise provisoire.

L'individu ainsi transféré ne peut être retenu sous quelque prétexte que ce soit. Conv. France avec l'Italie 12 mai 1870, art. 14; avec Suisse, 9 juillet 1869. art. 15.

Communication de pièces et documents. — Peut être réclamée, d'après le droit conventionnel, par le pays où la poursuite a lieu. Convention entre la Belgique et l'Allemagne, du 24 décembre 1874, art. 15 § 1, et les Pays-Bas, 14 janvier 1877, art. 14 ; de l'Italie avec l'Autriche, 27 février 1869, art. 15 ; de la France avec la Hesse, 26 janvier 1853.

Communication aux gouvernements étrangers des jugements et arrêts rendns confre leurs nationaux. — Des Etats se sont engagés à se communiquer tous les jugements rendus contre les étrangers appartenant respectivement à leur nationalité. Convention de la Belgique avec l'Allemagne, 24 décembre 1874, art. 16 ; avec l'Italie 1875 ; le Pérou, 1874 ; de la France avec le Luxembourg, 12 septembre 1875, art. 18 ; le Pérou 20 septembre 1873, art. 15. Mais bien que ces stipulations se trouvent dans des conventions concernant l'extradition, je ne pense pas qu'elles doivent figurer dans une loi sur la matière.

ARTICLE 59.

Renvoi. — Voyez les notes sous l'article 35.

ARTICLE 60.

Référence. — Cet article reproduit l'article 26 du projet voté par le Sénat.

Application de la loi aux colonies. — La plupart des

traités indiquent que l'extradition s'appliquera non-seulement aux fugitifs réfugiés sur le territoire d'un Etat, mais encore nommément dans les colonies. Traités de l'Italie avec le Portugal. 18 mars 1870 ; Grande-Bretagne, 5 février 1873 ; acte anglais de 1870, article 25, etc. etc. Les dispositions de l'article 23 du projet de 1870 ne font que reproduire les conventions françaises avec les Pays-Bas et les Etats de Suède et Norwège ; elles se retrouvent en principe dans nos conventions avec le Danemark de 1877, art. 1 et 10 ; l'Espagne, 1877, art. 1 et 17 ; l'Angleterre, 14 août 1876, art. 16 ; l'Italie, 12 mai 1870, art. 1 ; le Luxembourg, 12 septembre 1875, art. 1 ; les Pays-Bas, convent. addit. 3 août 1860 ; la Suède et Norwège, 4 juin 1869, art. 1 ; la Suisse, 9 juillet 1869, art. 1.

Les colonies ne seraient pas nominativement désignées que la loi ne leur serait pas moins applicable, comme partie du territoire d'un Etat. Bernard, t. II, p. 606 ; Billot, p. 143 ; Antoine sur Fiore, p. 489. Il est à remarquer que l'Angleterre a longtemps appliqué les extraditions avec bien autrement de facilité dans ses colonies que dans la métropole.

Voie diplomatique. — L'intervention directe des gouverneurs des colonies n'est pas une contradiction à la règle que les communications en cette matière doivent avoir lieu par la voie diplomatique, les gouverneurs agissent dans ce cas par délégation du gouvernement, et l'action directe leur est reconnue par un grand nombre de documents. Convention de Londres du 7 mars 1815, relative à Pondichéry et aux Indes anglaises, art. 9 ; convention de la France avec les Deux-Siciles, 1850 ; Parme, 1856 ; la Belgique, la Bavière et la Suède, 1869 ; la Suisse, 1870 ; l'Espagne, le Danemark 1877 ; les Pays-Bas, convent. additionnelle, 3 août 1860 ; l'Angleterre, 1876 ; traités entre l'Italie et l'Angleterre et les Etats-Unis ; entre la Belgique et le Danemark, 1876, et le Portugal, 1875 ; actes anglais de 1878, art. 17 et suiv. etc.

Les gouverneurs apprécient s'ils doivent ou non accueillir les demandes qui lui sont adressées ; ils peuvent provoquer préalable-

ment des instructions du ministère. Exposé des motifs du projet de
1878; traités entre la France et l'Espagne, du 14 décembre 1877,
art. 17, § 2 ; entre l'Angleterre et la Belgique, du 20 mai 1876, article 14.

Mode de procéder. — La convention franco-espagnole du 14
décembre 1877 contient les indications suivantes sur le mode de
procéder dans les colonies.

Art. 17. « Les stipulations du présent traité sont applicables aux
colonies et aux possessions des hautes parties contractantes où il
sera procédé de la manière suivante :

« La demande d'extradition du malfaiteur qui s'est réfugié dans
une colonie ou possession étrangère de l'une des parties, sera faite
au gouverneur ou fonctionnaire principal de cette colonie ou possession par le principal agent consulaire de l'autre dans cette colonie
ou possession, ou si le fugitif s'est échappé d'une colonie ou possession étrangère de la partie au nom de laquelle l'extradition est
demandée par le gouverneur ou par le fonctionnaire principal de
cette colonie ou possession.

« Les demandes seront faites ou accueillies en suivant aussi
exactement que possible les stipulations de ce traité, et en tenant
compte des distances et de l'organisation des pouvoirs locaux par le
gouverneur ou premier fonctionnaire, qui, cependant, aura la
faculté ou d'accorder l'extradition ou d'en référer à son gouvernement.

Le traité entre l'Angleterre et la Belgique, du 20 mai 1876, article 14, est presque la copie littérale de la disposition précédente.

Remise des détenus des colonies pénitentiaires évadés.
— Des conventions ont prévu le cas spécial où ces prévenus vien-
draient à s'évader; elles ont pour but de simplifier les formalités de
remise. Lorsque des règlements et traités spéciaux y ont pourvu, il
nous paraît nécessaire de déclarer que ces évadés seront soumis au
régime qui en résulte, sans que les dispositions de la loi sur l'extra-

dition leur soient applicables. Convention entre la France et les Pays-Bas, 3 août 1860, art. 2 et 3, avec la Suisse.

ARTICLE 61.

Obligation de fournir les originaux ou copies authentiques des pièces communiquées. — La convention entre la Belgique et l'Allemagne du 24 décembre 1874, art. 8, porte « ces documents seront produits en original ou en expédition authentiques, dans les formes prescrites par la législation du gouvernement qui demande l'extradition. »

L'obligation de joindre aux pièces produites des traductions en langue française est inscrite dans des conventions entre l'Italie et la Russie, art. 17, § 1, et entre l'Italie et le Danemark, article 15.

Certaines législations intérieures ne tiennent compte des pièces produites, que lorsque les constatations qu'elles contiennent ont été faites dans des conditions déterminées, par exemple s'il s'agit de dépositions de témoins, si elles ont été reçues sous prestation de serment seulement. Actes des Etats-Unis de 1848, 1860, 19 juin 1876 ; actes anglais de 1870, art. 24 ; de 1873, art. 4 et 5.

Communications en langue étrangère. — D'après la loi italienne, la demande est faite en langue du requérant, Fiore p. 207, et c'est en effet la règle à suivre. Mais comme ces pièces doivent être communiquées non-seulement au ministre des affaires étrangères, mais encore au ministère de la justice et à diverses autorités et corps judiciaires, il est impossible que leur traduction ne soit pas jointe au dossier, et le soin de la produire doit incomber au demandeur, comme nous l'avons déjà fait remarquer.

ARTICLE 62.

Référence. — Loi néerlandaise de 1875 art. 23. Nous avons déjà indiqué ailleurs que c'est la pratique suivie en France d'après les instructions des autorités compétentes.

ARTICLE 63.

Référence. — Art. 1 de la loi néerlandaise du 6 avril 1875.

Utilité des traités. — Les résolutions adoptées après discussion par l'Institut de droit international dans sa session d'Oxford, portaient, art. 3 « l'extradition n'est pratiquée d'une manière sûre et régulière que s'il y a des traités, et il est à désirer que ceux-ci deviennent de plus en plus nombreux. » Leur utilité est signalée dans l'exposé des motifs de la loi de 1878, p. 6. Elle est plus longuement indiquée par M. Billot, p. 9, et par M. L. Renault,; dans son rapport à l'Institut de droit international, où il cite l'opinion conforme de Woolsey, Arntz, Goos, *Annuaire* 1882, p. 73. Les lois intérieures ne la diminuent pas : elles ont pour objet de leur donner plus d'unité et de régularité, Fiore, p. 350.

Toutefois, en leur absence, un État peut cependant demander et consentir des extraditions. C. Cass. 30 juin 1827, 4 mai 1865 ; Résolutions de l'Institut de droit international, session d'Oxford, art. 3 ; MM. Billot, F. Hélie,, Ducrocq, de Vazelhes, Fiore, L. Renault, de Bar, Bluntschli, Brusa, Dubois, Gessner, Hornung, de Martens, Neumann.

Les traités doivent-ils être sanctionnés par le pouvoir législatif ? — Cela dépend de la loi constitutionnelle du pays ; en

France c'est l'article 8 de la loi du 16 juillet 1875, qui doit servir de règle. Il porte que le président de la République négocie et ratifie les traités, et il ajoute : « Les traités de paix, de commerce, les traités qui engagent les finances de l'État, ceux qui sont relatifs à l'état des personnes et aux droits de propriété des français à l'étranger ne sont définitifs qu'après avoir été votés par les deux chambres. »

Les traités d'extradition ne sont pas compris dans l'exception dont ils sont soumis à l'application de la règle générale seule.

M. Laboulaye les place dans la catégorie des traités qui sont relatifs à l'état des personnes ; mais l'état des personnes s'entend ici de leur condition civile, c'est-à-dire de ce qui concerne leur nationalité, leur état de minorité, leur condition d'époux, leur filiation, et nullement de leur qualité d'inculpé, de prévenu, d'accusé et même de condamné, hormis le cas où la mort civile s'en suivrait. Dès lors, si aux termes généraux et absolus de la constitution de 1848 portant « qu'aucun traité n'est définitif qu'après avoir été approuvé par l'assemblée générale », il était légal de soutenir que la sanction législative était nécessaire, la même opinion manque de base aujourd'hui en l'état des termes de la constitution de 1875 qui nous régit. Rapport de la commission du Sénat sur le projet de 1878, p. 7, de Vazelles, p. 46, Robinet de Cléry, *Journ. de Droit intern. privé* 1876 ; Bomboy et Gilbrin, p. 15 ; Garraud, *Précis de droit crim.*, p. 524.

Dès qu'une loi aura déterminé les conditions auxquelles ils pourront être conclus, il est évident que le traité qui sera conclu en s'y conformant n'aura pas à subir les épreuves d'une discussion devant le Sénat et la Chambre, puisque ce ne sera qu'un acte d'exécution de la loi qui n'a pas besoin pour être valable de la sanction législative. Mais dès que cette loi existera, si le traité ne s'y conforme pas et n'observe pas les conditions imposées par un acte de pouvoir législatif, il faut, pour que cet acte soit valable, que le pouvoir législatif le relève de cette irrégularité par une sanction spéciale. Des modifications de détail insérées dans le traité ne modifiant point le principes posés dans la loi, ne pourraient être considérées comme des dérogations motivant l'intervention législative. C'est ce qui nous a fait dire dans le texte « s'en écartaient *formellement*. »

La question de la nécessité de l'approbation législative des traités a été discutée au Sénat, lors de la présentation du projet de 1878 ; on pourra consulter la discussion à laquelle elle a donné lieu.

Publication à donner aux traités d'extradition. — L'article 6 de la loi belge de 1874 porte que les traités conclus en vertu de cette loi seront insérés au *Moniteur* et ne pourront être mis à exécution que dix jours après la date que porte ce journal. Il peut paraître inutile de prescrire cette publication en France, où, d'après les lois, elle est déjà prescrite et doit être pratiquée. Les traités sont en effet déclarés exécutoires par des décrets qui sont insérés avec eux au *Bulletin des lois* et au *Journal officiel.*

Indication dans les traités des faits motivant l'extra-dition. — Cette indication qui ne serait qu'énonciative si elle ne résultait que des traités, devant être conforme à la loi, dès qu'il en serait promulgué une visant les cas d'extradition, deviendrait ainsi restrictive et limitative.

Les traités consentis par la France ne pouvant être valables que s'ils sont conformes aux lois en vigueur sur le territoire ; si une modification à la nomenclature arrêtée par la loi était insérée dans un traité, cette dérogation ne serait point valable si elle émanait du pouvoir exécutif, qui, sous quelque forme qu'il agisse, ne peut s'écarter des prescriptions légales dont il est spécialement chargé d'assurer l'exécution. Il faudrait dès lors, pour que cette dérogation pût être considérée comme légale et obligatoire, qu'elle eût été sanctionnée par le pouvoir législatif.

Faits antérieurs à la conclusion des traités. — Peuvent motiver une extradition, puisqu'elle peut être accordée en l'absence des traités ; ils ne créent pas le droit, mais en règlent l'exercice.

9

M. L. Renault, *Annuaire de droit int. 1881-82*, dit : « le traité
« ne fait que transformer une obligation morale en obligation juridique. » L'obligation existe donc antérieurement et doit être exécutée dans tous les cas. Ces principes ont été consacrés par le traité
entre la France et l'Angleterre, du 14 août 1876, art. 4, par le projet de loi de 1878, les arrêts de la Cour de cassation de France des
30 juin 1827 et 4 mai 1865, et de la Cour de Bruxelles du 13 février 1875 ; la circulaire du ministre d'Italie du 22 août 1874 ;
l'article 16 des résolutions de l'Institut de droit international, session d'Oxford. Ils ont été défendus devant la chambre belge, lors
de la discussion de la loi du 1er octobre 1833, *Moniteur* belge du
30 septembre 1833. Ils ont l'approbation de M. Bertauld, dans son
rapport au Sénat sur le projet de 1878, p. 7. ; de Bard, p. 39 ; de
Vazelhes, p. 49 ; Bomboy et Gilbrin, p. 62 ; Fiore, pp. 305, 504 ;
Goddyn et Mahiels, p. 103, 147 ; Trolley, *Hiérarchie adm.*, t. I,
p. 161 ; Ducrocq, p. 30 ; Bernard, p. 666 ; Rolin, Jacquemyns et
Lorimer, *Annuaire de l'Institut de droit intern.* 1882, p. 108.
Voyez encore *Journ. de droit intern. privé*, 1875, p. 212.

Cependant certains traités s'en sont écartés en stipulant qu'ils
ne s'appliqueraient pas aux actes antérieurs. France et Etat-Unis,
9 novembre 1843, art. 5 ; Nouvelle-Grenade, 9 avril 1850, art. 10 ;
Venezuela, 23 mars 1853, art. 10. Lors de la présentation du traité
franco-anglais à la sanction de la chambre des députés, la commission de la chambre a protesté contre l'apparence de rétroactivité
qu'il paraissait contenir.

Clauses secrètes. — M. Bernard, t. II, p. 62, n'en admet
pas la validité en ces matières ; MM. Bomboy et Gilbrin, p. 45,
sont d'un avis contraire.

Effets de la loi sur les traités antérieurs. — Elle est sans
influence à leur égard, en ce sens qu'elle ne les abroge pas, et ne
leur porte aucune atteinte, exposé des motifs du projet de 1878,
p. 5 ; mais elle assure l'uniformité des règles de la matière pour
l'avenir et la régularité de leur application.

ARTICLE 64.

Réserve pour les pays de capitulation. — Les français qui y sont rencontrés et qui sont dans le cas, d'être détenus à la suite d'infractions pénales qui leur sont reprochées, peuvent y être arrêtés par les soins des consuls et agents de la France, sans l'intervention du gouvernement territorial, soit pour être jugés par les tribunaux consulaires locaux, soit pour être transférés en France ; édit de juin 1878, loi de 1883. Mais cette mesure ne peut atteindre qu'un français ou un étranger immatriculé comme protégé français. C'est principalement dans les Echelles du Levant et de Barbarie que ce régime est en vigueur. Des conventions spéciales existent dans plusieurs pays dans l'Extrême-Orient ou en Afrique pour assurer la remise des malfaiteurs d'une manière rapide : traité d'amitié entre la France et la Chine, du 27 juin 1858, art. 32 ; traité de commerce entre la France et Madagascar, 8 août 1868, art. 8.

TABLE DES MATIÈRES

PROJET

—

LOI SUR L'EXTRADITION

—

TITRE Ier

DES CONDITIONS ET DES EFFETS DE L'EXTRADITION

Section 2. — *Extraditions demandées à la France.*

TITRE III.

DISPOSITIONS COMMUNES AUX EXTRADITIONS RÉCLAMÉES PAR LA FRANCE OU QUI LUI SONT DEMANDÉES

NOTES

Observations préliminaires.

TITRE Iᵉʳ.

DES CONDITIONS ET DES EFFETS DE L'EXTRADITION.

TITRE III.

DISPOSITIONS COMMUNES AUX EXTRADITIONS RÉCLAMÉES PAR LA FRANCE OU QUI LUI SONT DEMANDÉES.

FIN

www.ingramcontent.com/pod-product-compliance
Lightning Source LLC
Chambersburg PA
CBHW070805290326
41931CB00011BA/2142